JN079673

How to think in English

超 イムラン式 英語思考トレーニング

コベル英会話教室校長

イムラン・スィディキ

Imran Siddiqui

はじめに

　こんにちは、イムランです。

　今まで英語表現集や英語の会話集、そして勉強法の本を書いてきましたが、今回はまったく違うテイストのトレーニング本です。

　本書は、「**英語を考えるときに、どうしても一度日本語で考えてしまう**」という英語学習の最も根本的な問題に悩む方が「英語を英語で理解」できるようになるための、トレーニングをする本です。

　「**英語を英語のままの語順で理解する**」ことを、この本では「**英語思考**」と呼んでいます。（くわしくは、買って読んでね。）

　「英語思考」は、英語４技能（読む、聞く、書く、話す）のすべてに必要な力なのですが、現在の英語学習の世界では、「とりあえず英語にたくさん触れていれば、英語が上達する」、という乱暴な方法論がまかり通っています。

　「とりあえずたくさん触れる」って、だいたいどれくらいかと言うと、僕らの業界では1000時間を目安としています。

　1000時間って言うと、毎日１時間英語に触れても、３年かかります。週１回だと約20年かかります（週１回だと年間50時間程度×20年＝1000時間）。

　1000時間というのは、気が遠くなる期間ですよね。だから、とりあえず英語にたくさん触れる方法は絶対におすすめしません。

この本は「英語を英語で理解する」のにかかる時間を相当短縮してくれます。真面目にこの本で紹介しているエクササイズをくり返せば、1/10 程度の時間と労力で、1000 時間並みの実力がつきます。

ところで、本書はトレーニング本ですが、私は本来トレーニング本を好みません。

なぜなら、英語学習者のほとんどは英語本を買うだけ買って、まともに読まないし、実践する方は、少数だからです。この本を読んでいるあなたも、おそらく買うだけ買ったけど、結局読んでいない英語本が何冊かご自宅にあるのではないですか？

でも、私はそれでもこの本を出そうと思いました。

なぜでしょう？

説明させてください。買った本を最後まで読む人は、購入者の１〜２割程度だと思います。その中でさらにしっかりと実践する方は、そのまた１〜２割。

仮に１万人がこの本を読んだとしたら、そのうちの 4%（１万人の２割のさらに２割）、400 人ぐらいがきちんと実践する計算です。

400 人。それほど大した人数ではないかもしれませんが、私は英語を教える時に、その人の後ろに広がる可能性を常に意識しています。

「海外旅行に行ったら交友関係が広がって、視野が広がるんだろうな〜」とか、「海外で良い人を見つけたり、移住したりしたら楽しいだろうな〜」とか、「外資系に転職して、活躍するだろうな〜」とか、「日本の会社で、重宝されるんだろうな〜」とか。

そんな人が400人も出るかもしれないと思ったら、書かないわけにいかないだろう！って思ったわけです。

　「いやいや、イムちゃん、どうせお金のために書いてるんでしょ？」と思う方もいるでしょう。そういう人たちに私はひとこと言いたい。

　あまい！

　こんなことを言うと将来、英語本を書きたいと思っている方の夢を壊すことになりますが、英語本の著者はあまり儲かりません。年に最低6冊書いて、しかも6冊目が出てから半年ぐらい経たないと、なんとか生活できるレベルの収入にも至りません。控えめに言っても、英語本を書くのは割に合いません。

　それを毎年続けているから、まあ食べてはいけるけど、出版の手を緩めると、もう毎月カツカツ。好きな仕事できて幸せ！とか思ってる暇もなく、なんでこの仕事を始めたんだろう？って思ってしまう人が実は多いんです。

　でも、「宣伝になるんじゃないの？」って思いますよね。僕の場合、元々僕のことを知っている生徒さんに買っていただいているので、新規の生徒さんは年に数人です。

　しかも！全国の本屋さんに置かれるのは各店舗に数冊程度。しかも英語本なんか何百冊ってあるんですよ。しかも！僕の本はあまり煽ったタイトルではないので、本屋さんに足を運んで英語本を買おうと思う人の目に留まりにくいんです！はっきり言って、負け戦です。

　でも僕はその貴重〜な400人のためにこの本を書いています。ここまで来ると、この本はもう英会話講師のロマンでしかないわけです。

あなたがその 400 人のうちの１人になるかどうかはわかりません。万が一、いや四百が一、なれたとしたら、私も必死こいてこの本を書いた甲斐があるってもんです。

　さて、この本に書いたトレーニングは、そんなに厳しいものではありません。**１エクササイズ、たったの 10 問です**。ちょっとした隙間時間にもできちゃいます。そして隙間時間にやってみたけど、気がついたら１時間くらいやっていた！という状態になっていただけるととても嬉しいです。

では、がんばってください！

イムラン・スィディキ

CONTENTS

第2章　英語思考リスニング

1 英語が聞こえない本当の理由 182

リスニングができない理由 182
・「推測リスニング」は癖になっている！

リスニングができない2つ目の理由 185
・タイムラグも中学校からの癖

リスニングができない3つ目の理由 187
・すべての言語はつなげて話される
・ネイティブの英語がぐっと身近になる秘密

2 リスニング・トレーニングのやり方 192

Writing & Speaking Training

第3章　英語思考ライティング

第4章　英語思考スピーキング

おわりに

●音声データについて（Track 1 〜 32）

①【ASUKALA】アプリで再生

下記にアクセスして明日香出版社の音声再生アプリ【ASUKALA】をインストールすると、ダウンロードした音声を再生できます。

②音声データをダウンロード

音声データ（mp3 形式）をダウンロードできます。パソコンまたは携帯端末でアクセスしてください。

https://www.asuka-g.co.jp/dl/isbn978-4-7569-2255-7

※音声の再生には、mp3 ファイルを再生できる機器などが必要です。ご使用の機器、音声再生ソフトなどに関する技術的なご質問はメーカーにお願い致します。音声ダウンロードサービスは予告なく終了することがあります。
※図書館ご利用者も音声をダウンロードしてご使用可能です。

※本書は『CD BOOK 超英語思考トレーニング』（2016 年発行）を一部加筆修正して発行したものです。

ウォーミングアップ

　多くの学習者は「英語」を「日本語の語順」に直して理解しようとします。しかし、このやり方では英語はなかなか上達しません。

　本当に重要なのは「英語を英語の語順のまま思考すること」です。この章では「英語思考」について説明します。

1 英語が使えるようになる方法

　あなたは、英語を見たり聞いたりしたときに、ついつい「日本語の語順」に直してから理解しようとしていませんか？

　多くの英語学習者は、見たり聞いたりした英語を日本語の語順に直して理解しようとします。例えば、TOEIC® や英検の長文などは、**返り読み**（英文を後ろから訳しながら読んで理解すること）をしていたり、リスニングでは相手の言ったことを思い出し、日本語に訳し、それをきれいな日本語の語順に直して理解していたりする方が多いと思います。

　英語がなかなかスピーディーに理解できるようにならない理由は、正にそこなんです。**あなたの英語力がなかなか思うようにレベルアップしない理由は、英語の語順を日本語の語順に直して理解するという、脳にかなりの負荷がかかる作業をしているからなのです。**

　考えてみてください。英語の語順を日本語の語順に直すためには、英文を覚えておかないといけないですよね。その英文が長くなればなるほど、覚えるのが大変になるじゃないですか。長文になったら、覚えておくだけでも大変なのに、それを日本語の語順に直してから理解するって、かなり高難度じゃないですか？

　そこで解決法をお教えします。今までやっていたこの高難度なプロセスをやめて、あなたがしなければいけないのは「**英語を英語の語順のまま理解する**」ことです。

　そうすることにより、英語を理解するところまでいくプロセスが短縮され、早く理解できるようになります。

　「はじめに」でも少し紹介しましたが、「英語思考」とは、もっと具体的に言えば「英語を処理する能力」のことを指します。

　英語の処理能力が高ければ（英語思考ができていれば）、英語を処理できる（理解できる）速度が一気に上がります。

　もう少し具体的に説明しましょう。
　英語の情報処理の方法には**３つのパターン**があります。

1　英語を英語の語順で、英語で理解する
2　英語を英語の語順で、日本語に直して理解する
3　英語を日本語の語順に直して、日本語で理解する

　理想は１つ目の方法です。２つ目の方法でも、英語の処理能力は１つ目と実はそれほど変わりません。しかし、多くの英語学習者がやっているのは３つ目の方法です。

　１つ目はつまりネイティブということなので、特筆することはありませんね。２つ目の方法で英語を理解する人の思考を見てみましょう。

パターン２：

英語を英語の語順で、日本語に直して理解する思考

I didn't know what to do, so I decided to call my friend and ask for his advice.

私は知らなかった、

何をすればいいか、なので、私、

決めた、電話する友達に、で、

聞く彼にアドバイス

英語を日本語にして理解してはいますが、英語の語順のままですよね。

でも、日本語だったら、多少語順がおかしくても、内容を理解することは難しくないはずです。この考え方なら、かなりのスピードで、しかも一気に英語を処理することができます。

では反対に、英語を日本語の語順に直して理解する人の思考を見てみましょう。

パターン３：

英語を日本語の語順に直して、日本語で理解する思考

I didn't know what to do, so I decided to call my friend and ask for his advice.

私は、わからない、え〜と　what だから、関係代名詞かな？
to do だから、え〜と何をする、何をすればいいかわからない。
あ、didn't は過去形だから、何をすればいいかわからなかった、か。

そして、私は決めた　電話することを、私の友達に。
え〜と、私は私の友達に　電話することを決めた。

そして彼のアドバイスを　もらうことを？
for だから、アドバイスのため？
あれ、わかんなくなったぞ。
どうすればいいかわからないから、
友達にアドバイスを？　彼に？
アドバイスをもらうことに決めた。ってことか？

　パターン２の人とパターン３の人との理解のスピードの差にお気づきですよね。

　一般的に、英語を理解するスピードは「英語を英語で理解できるかどうか」によると言われますが、実はそうではありません。

　本当に重要なのは、**英語を英語の語順のままで理解しているかどうか**なのです。

　日本語の語順に置きかえて英語を理解する人は、リーディングの場合、以下の３ステップで英語を理解しています。

　ステップ１：英文を読む

　ステップ２：英文を日本語に訳す

　ステップ３：英文を日本語の語順に直しながら理解する

　一方で、英語の語順のまま英語を理解する人は、たとえ日本語で理解していたとしても１ステップです。

　ステップ１：英文を読みながら理解する

日本語に訳している分、少し理解は遅いかもしれませんが、ネイティブが英語の語順で考えるのとスピードに大した差はありません。

　やはり、**一番の弊害は「英語を日本語の語順に直す」という作業**なのです。

　というわけで、私は「英語を英語のままの語順で理解する」ことを「英語思考」と呼んでいます。
　「英語で思考すること」ではなく、「**英語の語順で思考すること**」を少し短くして、「**英語思考**」です。

　英語思考ができるようになれば、英語を使う時に発生する一番の弊害は、クリアすることができるのです。今後の英語学習では常に「英語思考」＝「**英語の語順で思考すること**」を心がけてくださいね。

いくら「英語で」考えてもわからないワケ

　英会話スクールの先生はよく、「英語は英語のままで理解しましょう。日本語を介して理解していると、英語はいつまで経っても理解できるようになりませんよ。」と言います。

　私も英語を教え始めた頃は、そう言っていました（そう教わっていたので…）。でも、自分の頭で考えて教えるようになってからは、この理屈に違和感を持つようになりました。

　英語がわからないから勉強しているのに、英語のままで考えることなんてできないじゃないかって。

　例えば、「概念」って単語がわからないアメリカ人に「概念っていう言葉は日本語で思考していれば、そのうちわかるようになるから」って言っても、納得できませんよね。

　「概念」って言葉が、英語だと「concept」という意味だとわかって初めて、それから後は「概念」という言葉を日本語で思考できるようになるんです。

　そう、つまり、「日本語を日本語で理解する」のは「しっかりと意味がわかった」後の「結果」なんです。

　意味がわかる前になんでもかんでも「日本語で日本語を理解する」ということは、よく考えてみると意味不明なんです。つまりはまだ英語はわからないのに、英語で英語を理解しろ！　と言うのはナンセンス中のナンセンスなんです。

　皆さん、「How old are you?」は日本語を介さなくても、英語を聞いただけで意味がわかりますよね。
　それは、中学１年生の時にこの表現を習って、それ以降、何度も聞いたり、書いたり、言ったりして、しっかりとこの英語が定着しているから。

　学校で習ってちゃんと「理解して」、その後、繰り返し使っているから、日本語を介さずとも、英語で理解できるようになったんです。

　だから、英語学習ではまず「理解」することが必要不可欠なのです。英語が英語でわかるようになるのは、あくまでも結果であって、手段ではありません。

英語で考えるための鍵

　理屈はわかりましたね。じゃあ、これから皆さんが「英語思考」をするために、どうやって勉強すればいいのでしょう?

　ひらたく言うと、一度しっかりと頭で理解できた英語は、英語のままでも理解できるようになります、「How old are you?」みたいに。

　でも、1つ問題があります。簡単な英語表現ならいいけど、長文とか、今まで見たこともないような英語表現はどうやって英語の語順のまま理解すればいいのでしょう。

　さすがにこの世に存在する全ての英語を覚えるわけにはいきませんからね。

　そのような場合には、単語単位ではなく、「**チャンク**」という単位で英文を理解してください。

　そうすれば、いちいち英語の文を日本語に置き換えて考えなくても、英語の語順のままで理解することができます。

　さっきから使っている英文を、チャンクに分解してみましょう。
I didn't know what to do, so I decided to call my friend and ask for his advice.
→ I didn't know / what to do / so / I decided / to call my friend / and / ask for his advice.

　チャンク単位で理解するとは、単語の細かい区切りではなく、このように少し大きな単位で英文を理解していくことです。

　「え～、チャンク単位なんて、ムリムリ～」と思う方もいるでしょうが、案ずるなかれ。

　例えば、「with my friends」と言われたら、普通は with ／ my ／ friends と区切っては考えませんよね？
　with my friends というひとまとまり（チャンク）で認識して、意味を理解しているはずです。

　ということは、**あなたは既に「チャンクで考える」ということを無意識にやっている**わけです。しかも、「意図せず習得していた」ということになります。

　もし、なにか１つでもチャンクのままで聞き取れたり、理解できたのであれば、「英語ができるようになる望みがある」どころではなく、もう既に「英語ができるようになるための素質を持っている」と言えます。

　あとは、必要なトレーニングを行えば、英語の処理能力が今よりも格段にアップして、リーディングだけでなく、リスニング、ライティング、スピーキングのスピードも確実にアップします。

21

2 この本の使い方

　この本ではリーディング、リスニング、ライティング、スピーキングの順で英語思考のトレーニングをしていきます。

　リーディングを英語の語順でできるようになれば、英語の本を読むスピード、理解するスピードが今よりも何倍も速くなります。TOEIC® のリーディング・セクションも、時間が余ることは間違いありません。

　リスニングを英語の語順でできるようになると、今は外国人の英語に１〜２文程度しかついていけない人が、映画やスピーチなどにもついていけるようになります。

　ライティングを英語の語順でできるようになれば、ライティング・テストは今よりも短い時間でできるようになります。おまけにスピーキング力も上がります。仕事で海外からのメールにも対応できるようにもなります。

　スピーキングを英語の語順でできるようになれば、いちいち止まりながら話す必要がなくなり、日本語を話しているのと同じような感覚でスラスラと英語が話せるようになります。

ステップ１：英語思考リーディング

この本ではまず、リーディングから始めてもらいます。

リーディング慣れしていない人にはちょっとハードルが高く感じるかもしれませんが、実はそんなことはないのです。

既にでき上がっている英文を見ながら、単語やチャンク単位で理解する練習をすればよいだけだからです。

英語の勉強をリスニングから始める方がいますが、そうすると、英文を聞いた時に、①何と言っているのか聞き取りながら、②意味も考える、という慣れない２つの作業を頭の中で同時に行わないといけません。

一方、リーディングだと書かれた文を見ればいいだけなので、「意味を考える」という１つの作業で済むわけです。

なので、英語思考トレーニングは、リーディングから始めたほうがハードルが低いのです。

ステップ２：英語思考リスニング

リーディングである程度、英語の語順で考えることに慣れたら、次は何と言っているのかを聞き取りながら、理解する練習をしましょう。

リーディングをしっかりとやっていれば、スムーズにリスニングに移行できるはずです。

リスニング・トレーニングは少しずつ聞く量が増えて行くので、終わる頃には長〜い英文も理解できるようになっていますよ！　そんなレベルアップした自分を楽しみにしていてください。

もし、リスニングにはまったく歯が立たない、ということであれば、もう一度リーディングをやり直してくださいね。

ステップ３：英語思考ライティング

英語を勉強している方は、リーディング同様、ライティングも避ける傾向にあります。でも実は「スピーキング」ができるようになるためには、「ライティング」の練習をする必要があります。

ライティングもスピーキングも同じアウトプットなのですが、スピーキングと比べると、ライティングのほうがハードルが低いからです。

スピーキングをする時、目の前に人がいるというだけで緊張しますよね。そして目の前に相手がいるために、「早く話さなくては！」という焦りも生まれます。

　でも、ライティングは目の前に人がいないので、緊張しませんし、焦りも生じません。

　要は、プレッシャーのないスピーキング練習のようなものなのです。

　そしてもう１つ、ライティングがスピーキングの良い事前練習になる理由があります。

　英語学習者の方で多いのは、スピーキングの際に２〜３文くらいしか話せない方です。

　こういう方に、「同じ質問に対する答えを書いてください」と言うと、７〜８文くらい書けたりします。プレッシャーがない分、アウトプットの量も増えているわけです。

　だから、まずはハードルの低いライティングでたくさんの文を書けるように練習を重ね、スピーキングの土台を作りましょう。

ステップ４：英語思考スピーキング

　最後はいよいよスピーキングです。

　ライティングで培った英語の語順で文を作る能力を、スピーキングでトレーニングします。

ライティングでは、英文を目で見て確認しながら文が作れるのですが、スピーキングだと確認できなくなります。

　この最後のステップを終えれば、日本語と同じようにスムーズに英語を話すことができるようになりますよ。

　そう、「日本語と同じように」です！

第1章

英語思考
リーディング

　「英語思考」のトレーニングは、まず英文を単語やチャンク（意味のまとまり）で理解する「リーディング」練習から始めましょう。

　英語の語順のままでリーディングができるようになれば、英語を読むスピード、理解するスピードが今より何倍も速くなります。

1 英文法は勉強しないでください！

　トレーニングを始める前に、あなたには英文構造の基礎を頭に叩き込んでおいてもらわないといけません…

　でも、案ずるなかれ！　**難しい英文法は、この本では一切必要ありません**。

　あなたは中高で第5文型を習ったと思います。SVOCってやつですね。なんとなくしか覚えていない方も、しっかりと覚えている方も、これだけは覚えておいてください。いいですか？

　SVOC は学校のテスト以外ではほぼ役立たない。

　いまだかつて、SVOCが英会話の学習の妨げになったことはあっても、役立ったことは一度たりともありません。

　「SVOCって何？」という方もいると思うので、ここで一応おさらいしておきましょう。

$$\boxed{\text{S＝主語}\quad\text{V＝動詞}\quad\text{O＝目的語}\quad\text{C＝補語}}$$

これです。

　さて、ここで問題です。例えば、外国人に突然「日本語で目的語や補語の例を一つ教えてください。」と聞かれたら、何て答えますか？思いつかないですよね？　でも、皆さんは学校の国語の時間に、目的語も補語も習っているはずです。

　だから、今の質問に答えられない人は、学校でこの2つを習ったけど、それが何なのか、実はわかっていなかったんです。

　でも、安心してください。そのへんの外国人をとっ捕まえて、「SVOCのOとCは何ですか？」と聞いても、両方正解できる人はおそらく20％くらいしかいないと思います。なんか学校でやったな〜という程度。
　皆さんがそうであるように、OとCの感覚というのは、私たちネイティブにとってもその程度の印象しかありません。

　だから、SVOCのOとかCが何なのか答えられなかった方は正常です。答えられたあなたは…英語が超得意に間違いありません。私が少しトレーニングすれば、最前線で活躍する、立派な英会話講師になれると思います。

さて、実は SVOC に固執していると、英語を話す際の弊害になります。

SV まではいいんですが、OC がよくわからないから、英文を作っても自信が持てない、話せないと感じる方が多いんです。そりゃそうですよね。日本語でも「目的語」と言われてもよくわかんないんですから。

話したくても、いろいろ考えた結果、単語が5つか6つぐらいの短い英文をどうにか完成させます。

I had lunch with my friends... たったこれだけで精一杯になってしまう。

もっと長い英文を書きたいし、もっとたくさん話したいのに、どうすればいいかわからない→もっと英語勉強しなきゃ→でも、何を勉強すればいいかわからない。とりあえず英文法をイチからやろう！と思い、また SVOC を学び直すという無限ループに突入していってしまうわけです。

英語はもっとシンプルに考えよう

この無限ループから抜け出すためには、**SVOC をテスト以外の時は脇に置いておいて、SVAA で考えればいいのです**。SVAA とは僕が作った言葉です。説明しますね。

　日常で使う英語のほとんどは、この SVAA の構造で説明することができます。

SVAA とは

　S ＝主語

　V ＝動詞

　A ＝追加情報（Additional Information）

　A ＝追加情報（Additional Information）

　Additional Information というのは「**追加情報**」のことです。英文には、まず「主語」（私、あなた、彼など）があり、「動詞」（走る、笑う、食べるなど）があり、その後は、ひたすらその**主語と動詞に関する情報が追加されていくだけ**だと考えましょう。要するに、A というのは、後からつけ加わって行く「説明」なんです。

　では、実際にこれを英文にあてはめるとどうなるか見てみましょう。

　<u>I</u> <u>went</u> <u>to Ginza</u> <u>with my friends</u> <u>to play bowling</u> <u>yesterday</u>.
　S　V　　A1　　　　A2　　　　　　A3　　　　　　A4

　S ＝　誰か（ここでは、私）

　V ＝　何をしたか（ここでは、行った）

　A1 ＝　動詞に一番関係の深い追加情報

この場合、動詞が「行った」なので、「どこ」に行ったかが一番関係が深い追加情報になります。

　ですから、それを1つ目に持ってきます。2つ目のAと3つ目のAは入れ替えても特に問題はありません。

　最後のAは「いつ」かという情報ですが、これは最初でも最後でもOK。もっと言うと、1つ目の後でもいいし、2つ目の後でもいいです。でも、最初か最後が無難です。

　日本語で言うならこんな感じ。

・昨日、友達とボーリングしに、銀座に行ったんだよね。
・友達とボーリングしに、昨日、銀座に行ったんだよね。
・昨日さ、ボーリングしに友達と銀座に行ったんだよね。

　日本語では説明の順番にそこまでこだわりませんよね。

　英語も同じで、動詞のすぐ後の追加情報だけしっかり押さえてさえいれば、いつの話か、どれくらいの頻度かなどの追加情報の順番は、いちいち直されることはありません。

　英文を読む時はあまり難しく考えずに、**SとVがきたら、あとは説明が続くだけ**と思ってください。ほら、なんか英語ってけっこう単純でわかりやすいんだな、って思えてきたでしょ。

　では、そろそろ実際のトレーニングで試してみましょう。

2　リーディング・トレーニングのやり方

① 英文を見ながら、英文を日本語の語順に直さずに、英語の語順のまま意味をとらえてください。

② トレーニングが進むと、文章が長くなっていきます。長くなっても日本語の語順に変換せず、序章で説明したチャンク（意味のまとまり）で理解してください。

③ いきなり自分でチャンクを区切るのが難しい人は、英文の下に青い字でチャンクごとの文も書いておきました。それを見ながらトレーニングを進めて OK です。

④ 各トレーニングの次のページには、日本語訳が書いてあります。きちんと意味をとらえられていたか、確認してください。

　絶対にできるようになりますから、自分を信じてトレーニングしてくださいね。

　準備ができたら、スタートです！

1 カンタンなやりとり
～質問～

さっそく始めましょう！

まずは簡単な質問を使って、あなたにもすでに「英語思考」が身についていることを実感してもらいます。

短い文なので、ぱっと見て、頭の中でそのまま日本語にしてみてください。

1文でも2文でも英語のまま理解できるなら、必ず英語思考を身につけられますよ。
私を信じてついてきてくださいね！

---

1 **What** do you do?

What do you do?

2 **What**'s your hobby?

What's your hobby?

3 **What** do you do on the weekends?

What do you do on the weekends?

4 **Where** do you live?

Where do you live?

5 **Where** are you from?

Where are you from?

6 **Where** are you now?

Where are you now?

7 **Who** do you live with?

Who do you live with?

8 **When** do you come here?

When do you come here?

9 **Why** do you go there?

Why do you go there?

10 **How** much is it?

How much is it?

日本語を確認しよう！

1. 仕事は何をしているんですか？

2. 趣味は何ですか？

3. 週末は何をしているんですか？

4. どこに住んでいるんですか？

5. 出身はどこですか？

6. 今どこですか？

7. 誰と一緒に住んでいるんですか？

8. いつここに来ているんですか？

9. なぜそこに行っているんですか？

10. いくらですか？

Words & Phrases

- **do**「する」
- **hobby**「趣味」
- **weekend**「週末」
- **live**「住む」
- **be from** ～「～出身である」
- **live with** ～「～と一緒に住む」
- **come here**「ここに来る」
- **go there**「そこに行く」
- **how much**「いくら」

2 カンタンなやりとり

〜回答〜

先ほどの質問に対する回答を紹介します。

前回と同じく簡単な文ですが、全部でなくても、これらの回答のいくつかが英語のまま理解できれば、チャンクで理解できる部分があるということです！
自信を持ってくださいね！

1 I'm an English teacher.

I'm an English teacher.

2 I do yoga.

I do yoga.

3 I like watching Tik Tok.

I like watching Tik Tok.

4 I live in Azabu Juban.

I live in Azabu Juban.

5　**I'm from Hokkaido.**

I'm from Hokkaido.

6　**I'm in Shibuya now.**

I'm in Shibuya now.

7　**I live with my parents.**

I live with my parents.

8　**I come every day.**

I come every day.

9　**I go there for shopping.**

I go there for shopping.

10　**It's two thousand yen.**

It's two thousand yen.

1 英語の先生です。

2 ヨガをやっています。

3 Tik Tok を見るのが好きです。

4 麻布十番に住んでいます。

5 北海道出身です。

6 今、渋谷です。

7 両親と一緒に住んでいます。

8 毎日来ています。

9 買い物のために行っています。

10 2000 円です。

Words & Phrases

- **English teacher**「英語の先生」
- **do yoga**「ヨガをやる」
- **like**「好きである」
- **watch**「見る」
- **live in** ～「～に住んでいる」
- **be in** ～「～にいる」
- **be from** ～「～出身である」
- **every day**「毎日」
- **thousand**「1000」

2 ― カンタンなやりとり

次から動詞を使って
練習しましょう！

3 動作系の動詞
~過去形~

ここでは難易度の低い「動きのある動詞」を使ってトレーニングをします。
文が少し長いので、読むのに苦労するかもしれませんが、絶対に途中で単語を確認したり、きれいな日本語に訳して理解しようとしないでください。それをやった瞬間、このトレーニングの意味がなくなります。

1. **I went** to Kyoto to see my friends from high school.

I went to Kyoto   to see my friends   from high school.

2. **I went** to the new movie theater in Shibuya yesterday.

I went to the new movie theater   in Shibuya   yesterday.

3. **I watched** a movie with my high school friends in Shibuya.

I watched a movie   with my high school friends   in Shibuya.

4. **I watched** a soccer game in Niigata with my high school friends.

I watched a soccer game   in Niigata   with my high school friends.

5 I **had** dinner with my boss at an Italian restaurant in Kagurazaka.

I had dinner　with my boss　at an Italian restaurant in Kagurazaka.

6 I **had** lunch with my colleagues at a Japanese restaurant in Roppongi.

I had lunch　with my colleagues　at a Japanese restaurant in Roppongi.

7 I **woke up** early this morning to watch the sunrise.

I woke up early　this morning　to watch　the sunrise.

8 I **woke up** early this morning to go bird watching with my friends.

I woke up early　this morning　to go bird watching　with my friends.

9 I **called** my friend at four in the morning.

I called　my friend　at four　in the morning.

10 I **met** my boyfriend at the station last night.

I met　my boyfriend　at the station　last night.

3

動作系の動詞

日本語を確認しよう！

1. 高校の友達に会いに京都に行きました。

2. 昨日、渋谷の新しい映画館に行きました。

3. 高校の友達と渋谷で映画を観ました。

4. 高校の友達と新潟でサッカーを観ました。

5. 神楽坂のイタリアン・レストランで上司と夕食を食べました。

6. 六本木の和食屋で同僚とランチをしました。

7. 日の出を見るために今朝早く起きました。

8. 友達とバード・ウォッチングに行くために今朝は早く起きました。

9. 朝4時に友達に電話をかけました。

10. 昨晩、彼氏に駅で会いました。

Words & Phrases

- **see one's friends**「友達に会う」
- **go to the movie theater**「映画館に行く」
- **watch a movie**「映画を観る」
- **watch a soccer game**「サッカーを観る」
- **have dinner with** ～「～と夕食を食べる」
- **have lunch with** ～「～とランチをする」
- **wake up early**「早く起きる」
- **go bird watching**「バード・ウォッチングに行く」

4

思考系の動詞

～過去形～

今回は「思考に関連のある動詞」です。

動きのある動詞（走る、食べる）などは、動きそのものをイメージできるので考えやすいのですが、思考系の場合、イメージできない分、少し理解が難しくなります。このパートで、思考系の動詞を瞬時に理解することに慣れましょう。

1 | I **thought** I had a cold.

I thought   I had a cold.

2 | I **used to remember** every line in Imran's book.

I used to remember   every line   in Imran's book.

3 | I **used to forget** things easily.

I used to forget   things   easily.

4 | I **used to like** Starbucks better than Tully's.

I used to like   Starbucks   better than   Tully's.

5 | I **used to love** watching movies.

I used to love　watching movies.

6 | I **thought** Imran wasn't coming.

I thought　Imran wasn't coming.

7 | I **remembered** him saying he liked dogs.

I remembered　him saying　he liked dogs.

8 | I **forgot to tell** you something important.

I forgot to tell you　something important.

9 | I **liked** your previous haircut better.

I liked　your previous haircut　better.

10 | I **used to love** eating out.

I used to love　eating out.

1 風邪をひいたと思っていました。

2 以前はイムランの本は一字一句覚えていました。

3 私、昔は忘れっぽかったんです。

4 タリーズよりスタバのほうが好きでした。

5 昔は映画を観るのが大好きでした。

6 イムランは来ないと思っていたんですが。

7 彼は犬が好きだって言っていたのを覚えていました。

8 重要な事を言うのを忘れていました。

9 前の髪型のほうが好きでした。

10 以前は外食するのが大好きでした。

Words & Phrases

- **thought**「思っていた」
- **had a cold**「風邪をひいた」
- **used to ～**「以前は～だった」
- **remember**「覚えている」
- **forget**「忘れる」
- **like A better than B**「B より A のほうが好きである」
- **love**「大好きである」
- **watch movies**「映画を観る」
- **tell**「言う」
- **something important**「重要な事」
- **previous**「前の、以前の」
- **eat out**「外食する」

5 動作系の動詞

～現在形～

ここではトレーニング3と似たような文章を現在形にしました。長い文章も、少し読み慣れているかもしれませんね。難しく感じたら、チャンクごとに理解するようにしてくださいね。読み直しは厳禁です！

1　I **go** to Kyoto every month to see my friends from high school.

I go to Kyoto　every month　to see my friends　from high school.

2　I **go** to the new movie theater in Shibuya almost every week.

I go to the new movie theater　in Shibuya　almost every week.

3　I **watch** movies every week with my high school friends.

I watch movies　every week　with my high school friends.

4　I **watch** soccer games in Niigata with my high school friends every other month.

I watch soccer games　in Niigata　with my high school friends every other month.

5 | I **have** dinner with my boss at an Italian restaurant in Kagurazaka almost every day.

I had dinner　with my boss　at an Italian restaurant in Kagurazaka　almost every day.

6 | I **have** lunch with my colleagues at a Japanese restaurant in Roppongi almost everyday.

I have lunch　with my colleagues　at a Japanese restaurant in Roppongi　almost everyday.

7 | I **wake up** early every morning to watch the sunrise.

I wake up early　every morning　to watch the sunrise.

8 | I **wake up** early every morning to go bird watching with my friends.

I wake up early　every morning　to go bird watching　with my friends.

9 | I **call** my friend at four in the morning every day.

I call my friend　at four in the morning　every day.

10 | I **meet** my boyfriend at the station every night.

I meet my boyfriend　at the station　every night.

日本語を確認しよう！

1　高校の友達に会いに毎月、京都に行っています。

2　ほぼ毎週、渋谷の新しい映画館に行っています。

3　高校の友達と毎週、映画を観ています。

4　隔月、高校の友達と新潟でサッカーの試合を観ています。

5　ほぼ毎日、神楽坂のイタリアン・レストランで上司と夕食を食べます。

6　ほぼ毎日、六本木の和食屋で同僚とランチを食べています。

7　毎朝、日の出を見るために早く起きています。

8　友達とバード・ウォッチングに行くために毎朝早く起きています。

9　毎朝 4 時に友達に電話をかけています。

10　毎晩、彼氏と駅で落ち合っています。

Words & Phrases

- **go to** 〜「〜に行く」
- **see my friends**「友達に会う」
- **almost every week**「ほぼ毎週」
- **every other month**「隔月」
- **have dinner with** 〜「〜と夕食を食べる」
- **boss**「上司」
- **have lunch with** 〜「〜とランチを食べる」
- **colleague**「同僚」
- **wake up early**「早く起きる」
- **go bird watching**「バード・ウォッチングに行く」

6 思考系の動詞

〜現在形〜

ここではトレーニング4と似たような文章を、現在形にしました。思考系の動詞、少しは読み慣れてきましたか?

1 I **think** I caught a cold.

I think　I caught a cold.

2 I **remember** every line in Imran's book.

I remember　every line　in Imran's book.

3 I **forget** things easily.

I forget　things　easily.

4 I **like** Starbucks better than Tullys.

I like　Starbucks　better than　Tullys.

5 | **I love** watching movies.

I love　watching movies.

6 | **I don't think** Imran is coming.

I don't think　Imran is coming.

7 | **I remember** he said he likes dogs.

I remember　he said　he likes dogs.

8 | **I forgot to tell** you something important.

I forgot to tell you　something important.

9 | **I like** your new haircut.

I like　your new haircut.

10 | **I love** eating out.

I love　eating out.

6

思考系の動詞

日本語を確認しよう！

1. 風邪をひいたと思います。

2. イムランの本は一字一句覚えています。

3. 私は忘れっぽいです。

4. タリーズよりスタバのほうが好きです。

5. 映画を観るのが大好きです。

6. イムランは来ないと思います。

7. 彼は犬が好きって言っていたのを覚えています。

8. 重要な事を言うのを忘れていました。

9. その新しい髪型、すてきですね。

10. 外食するのが大好きです。

Words & Phrases

- **think**「思う」
- **caught a cold**「風邪をひいた」
- **remember**「覚えている」
- **forget**「忘れる」
- **like**「好きである」
- **love**「大好きである」
- **watching movies**「映画を観ること」
- **said**「言った」
- **tell**「言う」
- **new haircut**「新しい髪型」

6 ── 思考系の動詞

次から文が長くなります。
がんばりましょう！

7 動作系・情報量アップ！
～過去形～

このパートでは because, but, so, and が加わり、情報量が大きく増えます。このあたりからが本当の意味でのトレーニングのスタートです！
特に、because を使う場合は、日本語らしからぬ語順になりますので、注意してください。

---

1 I **went** to Kyoto to see my friends from high school, **because** the last time I saw them was 10 years ago.

I went to Kyoto　to see my friends　from high school,　because the last time　I saw them　was 10 years ago.

2 I **went** to the new movie theater in Shibuya yesterday, **because** I wanted to watch the new movie starring Tom Cruise.

I went to the new movie theater　in Shibuya　yesterday, because　I wanted to watch　the new movie　starring Tom Cruise.

3 I **watched** a movie with my high school friends in Shibuya, **but** the movie wasn't so good, **so** we decided to watch a different movie.

I watched a movie　with my high school friends　in Shibuya, but　the movie　wasn't so good,　so　we decided　to watch a different movie.

4 I **watched** a soccer game in Niigata with my high school friends, **because** one of my high school friends was playing for the local team.

I watched a soccer game　in Niigata　with my high school friends,　because　one of my high school friends　was playing for the local team.

5 I **had** dinner with my boss at an Italian restaurant in Kagurazaka, **because** it was my birthday and I ate a lot.

I had dinner　with my boss　at an Italian restaurant in Kagurazaka,　because　it was my birthday　and I ate a lot.

6 I **had** lunch with my colleagues at a Japanese restaurant in Roppongi, **but** they served mostly pasta and pizza with Japanese-style toppings.

I had lunch　with my colleagues　at a Japanese restaurant in Roppongi,　but　they served　mostly pasta and pizza with Japanese-style toppings.

7 | I **woke up** early this morning to watch the sunrise, **because** I always wake up late **and** almost never see the sun.

I woke up early   this morning   to watch the sunrise,   because I always wake up late   and   almost never see the sun.

8 | I **woke up** early this morning to go bird watching with my friends, **because** my best friend loves birds **and** he found a very good spot.

I woke up early   this morning   to go bird watching   with my friends,   because   my best friend   loves birds   and   he found a very good spot.

9 | I **called** my friend at four in the morning, **because** I wanted to talk about our trip to Okinawa.

I called   my friend   at four   in the morning,   because I wanted to   talk about   our trip to Okinawa.

10 | I **met** my boyfriend at the station last night, **because** I wanted to give him a present.

I met   my boyfriend   at the station   last night,   because I wanted to   give him   a present.

日本語を確認しよう！

1 高校の友達に会いに京都に行きました、なぜかと言うと、最後に彼らに会ったのは 10 年前だったからです。

2 昨日は渋谷の新しい映画館に行きました、なぜかと言うと、トム・クルーズが出ている新しい映画を観たかったからです。

3 渋谷で高校の友達と映画を観ましたが、そんなに良い映画ではなかったので、他の映画を観ることにしました。

4 高校の友達と新潟でサッカーの試合を観ました、なぜかと言うと、高校の友達の一人が地元のチームに入っていたからです。

5 神楽坂のイタリアン・レストランで上司と夕食を食べました、なぜかと言うと、その日は私の誕生日だったからで、そしてたくさん食べました。

6 　六本木の和食屋で同僚とランチを食べましたが、そのレストランは和風のトッピングを載せたパスタとピザばかりを出してきました。

7 　今朝は日の出を見るために早く起きました、なぜかと言うと、いつも遅くに起きるので、ほぼ太陽を見ないからです。

8 　今朝は友達とバード・ウォッチングをするために早く起きました、なぜかと言うと、私の親友は鳥が大好きで、とても良いスポットを見つけたからです。

9 　朝 4 時に友人に電話をしました、なぜかと言うと、沖縄旅行の話をしたかったからです。

10 　昨晩、彼氏と駅で会いました、なぜかと言うと、彼にプレゼントを渡したかったからです。

Words & Phrases

- **went to** ～「～に行った」
- **saw them**「彼らに会った」
- **yesterday**「昨日」
- **wanted to** ～「～したかった」
- **the new movie starring** ～「～が出ている新しい映画」
- **watched a movie**「映画を観た」
- **decided to** ～「～することにした、～することに決めた」
- **the local team**「地元のチーム」
- **had dinner with** ～「～と夕食を食べた」
- **boss**「上司」
- **had lunch with** ～「～とランチを食べた」
- **served**「（食べ物を）出した」

8 思考系・情報量アップ！
～過去形～

1 **I thought** she was an English teacher, **but** she was actually a French teacher.

I thought　she was an English teacher,　but　she was actually a French teacher.

2 **I remembered** you said you liked cookies, **so** I made some for you.

I remembered　you said　you liked cookies,　so　I made some for you.

3 | I **used to forget** people's names easily, **but remembered** people's faces very well.

I used to　forget people's names easily,　but　remembered people's faces　very well.

4 | I **used to like** that movie, **because** the ending was so good, but I **didn't really like** the beginning.

I used to like that movie,　because　the ending was so good, but　I didn't really like　the beginning.

5 | I **used to love** staying home and watching Hulu on Saturdays **because** I didn't have work the next day.

I used to love　staying home and watching Hulu　on Saturdays because　I didn't have work　the next day.

6 | I **thought** she went home, **because** she said she wasn't feeling well and told me she still had a hangover from last night.

I thought　she went home,　because　she said　she wasn't feeling well　and　told me　she still had a hangover　from last night.

8

思考系・情報量アップ！

7 I **remembered** her sister's name, but not hers, **because** when she told me her name, she was really drunk and I **didn't understand** what she was saying.

I remembered her sister's name, but not hers, because when she told me her name, she was really drunk and I didn't understand what she was saying.

8 I **used to forget** everything when I drank, **so** the next day I always had to ask my friends what happened.

I used to forget everything when I drank, so the next day I always had to ask my friends what happened.

9 I **used to like** his new leather shoes, **but** I always **thought** his new leather jacket looked weird.

I used to like his new leather shoes, but I always thought his new leather jacket looked weird.

10 I **used to like** novels, **but** I also read comics that were not too childish.

I used to like novels, but I also read comics that were not too childish.

日本語を確認しよう！

1　彼女は英語の先生かと思っていたのですが、実はフランス語の先生でした。

2　クッキーが好きって言っていたのを思い出したので、少しあなたにも作ってきました。

3　昔は人の名前はすぐに忘れてしまっていましたが、人の顔はしっかりと覚えていました。

4　あの映画はエンディングがすごく良かったから、前はすごく好きだったんですけど、始まり方はあまり好きではありませんでした。

5　以前は、土曜日は家にいて、Hulu を見るのが大好きでした、なぜかと言うと、次の日は仕事がなかったからです。

8

思考系・情報量アップ！

6 | 彼女は帰ったと思っていました、なぜかと言うと、体調が悪いと言っていたのと、昨夜からの二日酔いがまだ残っていると私に言っていたからです。

7 | 彼女のお姉さんの名前は思い出したんですが、彼女の名前は思い出せません、なぜかと言うと、名前を教えてもらった時、彼女はすごく酔っ払っていて、なんて言っているかわからなかったからです。

8 | 以前は、酔っ払うと何も覚えていなかったので、次の日に何があったかをいつも友達に聞かなければいけませんでした。

9 | 以前は、彼の新しい革靴はかっこいいと思っていましたが、彼の新しい革ジャンはいつも変だなと思っていました。

10 | 私は特に小説が好きでしたが、マンガも読んでいました、(そのマンガが) 子供っぽすぎなければ。

Words & Phrases

- **thought**「思っていた、思った」
- **remembered**「思い出した、覚えていた」
- **made some for** 〜「〜のために少し作った」
- **used to** 〜「昔は〜だった」
- **didn't really like**「あまり好きではなかった」
- **didn't have work**「仕事がなかった」
- **went home**「帰った、帰宅した」
- **had a hangover**「二日酔いが残っていた」
- **had to** 〜「〜しなければならなかった」
- **what happened**「何があった、何が起きた」
- **always thought**「いつも思っていた」
- **childish**「子供っぽい」

8 ─ 思考系・情報量アップ！

9 動作系・情報量アップ！

〜現在形〜

ここでは現在形の情報量が多い英文が出てきます。
トレーニング7の過去形の練習と似たような内容を現在形にしたので、長い英文にも少しずつ慣れてきていると思います。

1 I **go** to Kyoto every month to see my friends from high school, because I only see them once in 10 years.

I go to Kyoto   every month   to see my friends   from high school,   because   I only see them   once in 10 years.

2 I **go** to the new movie theater in Shibuya every week, because I want to watch new movies as much as possible.

I go to the new movie theater   in Shibuya   every week, because   I want to watch   new movies   as much as possible.

3 I **watch** movies every week with my high school friends, but the movies aren't so good, so we usually **go** play bowling after the movies.

I watch movies every week with my high school friends, but the movies aren't so good, so we usually go play bowling after the movies.

4 I **watch** soccer games in Niigata with my high school friends, because one of my high school friends **plays** for the local team.

I watch soccer games in Niigata with my high school friends, because one of my high school friends plays for the local team.

5 I **have** dinner with my boss at an Italian restaurant in Kagurazaka every year on my birthday and I usually **eat** a lot.

I have dinner with my boss at an Italian restaurant in Kagurazaka every year on my birthday and I usually eat a lot.

6 I **have** lunch with my colleagues at a Japanese restaurant in Roppongi, but they **serve** mostly pasta and pizza with Japanese-style toppings.

I have lunch with my colleagues at a Japanese restaurant in Roppongi, but they serve mostly pasta and pizza with Japanese-style toppings.

9

動作系・情報量アップ！

7 I **wake up** early every morning to watch the sunrise, because I get a lot of energy from the sun.

I wake up early   every morning   to watch the sunrise,   because I get a lot of energy   from the sun.

8 I **wake up** early every morning to go bird watching with my friends, because my best friend loves birds and he found a very good spot.

I wake up early   every morning   to go bird watching   with my friends,   because   my best friend loves birds   and   he found a very good spot.

9 I **punch** my friend in the stomach every morning, because I found out he stole my wallet.

I punch my friend   in the stomach   every morning,   because I found out   he stole my wallet.

10 I **kick** my boyfriend in the leg every night, because he **talks** to girls that I don't know everyday.

I kick my boyfriend   in the leg   every night,   because   he talks to girls   that I don't know   everyday.

日本語を確認しよう！

1. 高校の友達に会いに（最近）毎月、京都に行っています、なぜかと言うと、彼らに会うのは 10 年に一度くらいしかないからです。

2. 毎週、渋谷の新しい映画館に行っています、なぜかと言うと、できるだけ新しい映画を観たいからです。

3. 高校の友達と毎週、映画を観ていますが、そんなに良い映画ではないので、映画の後はたいていボーリングに行きます。

4. 高校の友達と新潟でサッカーの試合を観ます、なぜかと言うと、高校の友達の 1 人が地元のチームでプレーしているからです。

5. 毎年、私の誕生日に神楽坂のイタリアン・レストランで上司と夕食を食べます、そしてたいていたくさん食べます。

6 六本木の和食屋で同僚とランチを食べるんですが、その
レストランは和風のトッピングを載せたパスタとピザば
かりを出すんです。

7 毎朝、日の出を見るために早く起きます、なぜかと言う
と、太陽からたくさんのエネルギーをもらうからです。

8 友達とバード・ウォッチングに行くために毎朝早く起き
ています、なぜかと言うと、私の親友は鳥が大好きで、
とても良いスポットを見つけたからです。

9 毎朝、友人のお腹を殴ります、なぜかと言うと、彼が私
の財布を盗んだことを知ったからです。

10 毎晩、彼氏の足を蹴ります、なぜかと言うと、毎日私が
知らない女の子と話をしているからです。

Words & Phrases

- **go to** ～「～に行く」
- **once in 10 years**「10 年に一度」
- **want to** ～「～したい」
- **watch movies**「映画を観る」
- **as much as possible**「できるだけたくさん」
- **go play bowling**「ボーリングをしに行く」
- **eat a lot**「たくさん食べる」
- **serve**「（食べ物を）出す」
- **wake up early**「早く起きる」
- **watch the sunrise**「日の出を見る」
- **get a lot of energy**「たくさんのエネルギーをもらう」

10 思考系・情報量アップ！

～現在形～

今度はトレーニング8の過去形の練習と似たような文章を現在形にしました。

今回は思考系の動詞を使っていますが、いかがですか？　もう動作系の動詞も思考系の動詞も問題なく理解できていますか？

1 | I **think** she speaks English very well, so I **think** I'm going to ask her to teach me English.

I think she speaks English very well,　so　I think I'm going to ask her　to teach me English.

2 | I **remember** you said you liked cookies, so I made some for you.

I remember　you said you liked cookies,　so　I made some for you.

3 I **forget** people's names easily, but **remember** people's faces very well.

I forget people's names easily,　but　remember people's faces very well.

4 I **like** that movie, because the ending is so good, but I **don't really like** the beginning.

I like that movie,　because　the ending is so good,　but I don't really like the beginning.

5 I **love** staying home and watching Hulu on Saturdays because I don't have work the next day.

I love staying home and watching Hulu　on Saturdays　because I don't have work the next day.

6 I **think** she went home, because she wasn't feeling well and she told me she still had a hangover from last night.

I think she went home,　because　she wasn't feeling well　and she told me　she still had a hangover from last night.

7 | I **remember** her sister's name, but not hers, because when she told me her name, she was really drunk and I **didn't understand** what she was saying.

I remember her sister's name,   but not hers,   because   when she told me her name,   she was really drunk   and   I didn't understand   what she was saying.

8 | I **forget** everything when I drink, so the next day I always have to ask my friends what happened.

I forget everything   when I drink,   so   the next day   I always have to ask my friends   what happened.

9 | I **like** his new leather shoes, but I **think** his new leather jacket looks weird.

I like his new leather shoes,   but   I think   his new leather jacket looks weird.

10 | I especially **like** novels, but I also read comics that are not too childish.

I especially like novels,   but   I also read comics   that are not too childish.

日本語を確認しよう！

1. 彼女は英語がとても上手だと思うので、彼女に英語を教えてもらおうと思っています。

2. クッキーが好きって言っていたのを覚えていたので、少しあなたにも作ってきました。

3. 人の名前はすぐに忘れてしまうんですが、人の顔はしっかりと覚えています。

4. あの映画はエンディングがすごく良いから好きなのですが、始まり方はあまり好きではありません。

5. 土曜日は家にいて、Hulu を観るのが大好きなんです、なぜかと言うと、次の日は仕事がないからです。

6. 彼女は帰ったと思います、なぜかと言うと、体調が悪く、そして昨夜からの二日酔いがまだ残っていると私に言ったからです。

7 彼女のお姉さんの名前は覚えているんですが、彼女の名前は覚えていません、なぜかと言うと、彼女に名前を教えてもらった時、彼女はすごく酔っ払っていて、彼女が何て言っているかわからなかったからです。

8 酔っ払うと何も覚えていないので、次の日に何があったかをいつも友達に聞いています。

9 彼の新しい革靴はかっこいいと思うんですが、彼の新しい革ジャンは変だと思います。

10 私は特に小説が好きですが、マンガも読みます、（そのマンガが）子供っぽすぎなければ。

Words & Phrases

- **think**「思う」
- **forget**「忘れる」
- **watching Hulu**「Hulu を見ること」
- **don't have work**「仕事がない」
- **hangover**「二日酔い」
- **was really drunk**「すごく酔っ払っていた」
- **leather shoes**「革靴」
- **leather jacket**「革ジャン」
- **weird**「変だ」
- **especially**「特に」

10

思考系・情報量アップ！

11 be going to

これから〜します

ここから少し未来形の英文法にも意識を向けてみましょう。
トレーニング 11 〜 12 までは、be going to 〜を使った、未来の
予定などの話をする時によく使う文で練習しましょう。
注意しながらチャレンジしてみてください。

1 I'**m going to have** a big dinner, because I didn't eat lunch today.

I'm going to have a big dinner,　because　I didn't eat lunch today.

2 I'**m going to go** to my friend's birthday party, but I didn't buy a present for him.

I'm going to go to my friend's birthday party,　but　I didn't buy a present for him.

3 **I'm going to go** to an all-you-can-eat restaurant tomorrow, so I'm going to jog today.

I'm going to go to an all-you-can-eat restaurant tomorrow,　so I'm going to jog today.

4 **I'm going to cook and take** a long bath when I get home.

I'm going to cook　and　take a long bath　when I get home.

5 **I'm going to go** buy a dress tomorrow, because I got invited to my friend's party.

I'm going to go buy a dress tomorrow,　because　I got invited to my friend's party.

6 **I'm going to go** out with my friends, but I'm broke and I need to borrow money, so I don't know what to tell them.

I'm going to go out with my friends,　but　I'm broke　and I need to borrow money,　so　I don't know what to tell them.

7 **I'm going to have** my wedding in a few months, so I need to lose weight.

I'm going to have my wedding　in a few months,　so　I need to lose weight.

11

be going to

8 I'**m going to stay** at my office and **finish** preparing for my presentation.

I'm going to stay at my office   and   finish preparing   for my presentation.

9 I'**m going to go** to the dentist, because my wisdom tooth hurts.

I'm going to go to the dentist,   because   my wisdom tooth hurts.

10 I'**m going to cook** dinner for my boyfriend, but I'm not very good at cooking, so I'm really worried.

I'm going to cook dinner for my boyfriend,   but   I'm not very good at cooking,   so   I'm really worried.

日本語を確認しよう！

1. 夕食はたくさん食べます、なぜかと言うと、今日は昼食を食べなかったからです。

2. 友達の誕生日パーティーに行くのですが、彼にプレゼントを買いませんでした。

3. 明日、食べ放題のお店に行くので、今日はジョギングをします。

4. 家に帰ったら、ご飯を作って、長風呂をします。

5. 明日はドレスを買いに行きます、なぜかと言うと、友人のパーティーに招待されたからです。

11 be going to

6 友達と遊びに行くのに、金欠なのでお金を借りないといけないのですが、彼らに何と言えばいいかわかりません。

7 数ヶ月後に結婚式を挙げるので、やせないといけません。

8 オフィスに残って、プレゼンの準備を終わらせます。

9 歯医者に行きます、なぜかと言うと、親知らずが痛いからです。

10 彼氏のために晩ご飯を作るのですが、あまり料理が得意ではないので、とても心配です。

Words & Phrases

- **have a big dinner**「夕食をたくさん食べる」
- **buy a present for** ～「～にプレゼントを買う」
- **all-you-can-eat**「食べ放題の」
- **jog**「ジョギングをする」
- **take a long bath**「長風呂をする」
- **get home**「家に帰る、帰宅する」
- **buy a dress**「ドレスを買う」
- **got invited to** ～「～に招待された」
- **go out with** ～「～と遊びに行く」
- **borrow money**「お金を借りる」
- **have one's wedding**「結婚式を挙げる」
- **lose weight**「やせる、体重を減らす」
- **go to the dentist**「歯医者に行く」
- **wisdom tooth**「親知らずの歯」
- **cook dinner**「晩ご飯を作る」

11

be going to

12

be not going to

これから〜しません

1 I'**m not going to have** dinner tonight, because I had a late lunch.

I'm not going to have dinner tonight,　because　I had a late lunch.

2 I'**m not going to go** to Imran's birthday party, but I got him a gift, so I don't think he'll be angry.

I'm not going to go to Imran's birthday party,　but　I got him a gift,　so　I don't think he'll be angry.

3 I**'m not going to go** shopping for a few months, so I can save up for a trip to Hawaii.

I'm not going to go shopping for a few months,　so　I can save up for a trip to Hawaii.

4 I**'m not going to drink nor smoke** this month and try and stay healthy.

I'm not going to drink nor smoke this month　and　try and stay healthy.

5 I**'m not going to cook** today, because I'm too tired from work and when I'm tired, my cooking is usually bad.

I'm not going to cook today,　because　I'm too tired from work and　when I'm tired,　my cooking is usually bad.

6 I**'m not going to tell** you who she likes, but I can tell you how old he is.

I'm not going to tell you　who she likes,　but　I can tell you how old he is.

7 I**'m not going to eat** deep-fried food anymore, so I can reduce my cholesterol level.

I'm not going to eat deep-fried food anymore, so I can reduce my cholesterol level.

8 I**'m not going to dress up and go** to parties this Halloween, because the streets get so crowded and I have a hard time getting anywhere.

I'm not going to dress up and go to parties this Halloween, because the streets get so crowded and I have a hard time getting anywhere.

9 I**'m not going to go out** today, because I think I'm coming down with a cold, and I can't afford to get sick now.

I'm not going to go out today, because I think I'm coming down with a cold, and I can't afford to get sick now.

10 I**'m not going to visit** my parents this month, but I'll call them instead and maybe send them a present too.

I'm not going to visit my parents this month, but I'll call them instead and maybe send them a present too.

日本語を確認しよう！

1　今夜は晩ご飯を食べません、なぜかと言うと、お昼ご飯を遅めに食べたからです。

2　イムランの誕生日パーティーには行きませんが、プレゼントは買ったので、彼は怒らないと思います。

3　数ヶ月間は買い物に行きません、ハワイ旅行のお金を貯めるために。

4　今月は禁酒と禁煙をして、できるだけ健康でいるようにします。

5　今日は料理をしません、なぜかと言うと、仕事で疲れすぎていて、疲れている時の料理はだいたいおいしくないからです。

6 彼女が誰のことを好きかは教えられないけど、その人が何歳かは教えてあげられるよ。

7 もう揚げ物は食べません、そうすればコレステロール値を下げることができるから。

8 今年のハロウィンは仮装もしないし、パーティーにも行きません、なぜかと言うと、道が混んでいて、どこに行くのも大変だからです。

9 今日は出かけません、なぜかと言うと、風邪をひきそうな気がするんですが、今は風邪をひいている余裕はないからです。

10 今月は実家に帰らないのですが、代わりに電話をかけて、プレゼントも送ろうかなと思ってます。

Words & Phrases

- **have dinner**「晩ご飯を食べる」
- **go to** ～「～に行く」
- **be angry**「怒っている」
- **go shopping** ～「～のお金を貯める」
- **stay healthy**「健康でいる」
- **be too tired from work**「仕事で疲れすぎている」
- **eat deep-fried food**「揚げ物を食べる」
- **reduce**「下げる」
- **cholesterol**「コレステロール」
- **get crowded**「混んでいる」
- **have a hard time**「大変な思いをする」
- **can't afford to** ～「～する余裕がない」
- **visit my parents**「両親（の家）を訪れる（実家に帰る）」

13 might

するかもしれません

ここでは might の使い方をしっかりと学びましょう。
might は「かもしれない」という意味で使われます。助動詞として習ったかもしれませんが、実際には未来の予定の話をするときなどに使います。「未来の話をするための動詞」として覚えておいてください。

1 I **might go** to work tomorrow, because I still have a few things to finish.

I might go to work tomorrow, because I still have a few things to finish.

2 I **might see** my girlfriend tonight, but if not, let's go out and party all night.

I might see my girlfriend tonight, but if not, let's go out and party all night.

3 ｜ I **might go** see that movie this weekend, so you can go watch it with your friends.

I might go see that movie this weekend,　so　you can go watch it with your friends.

4 ｜ I **might go** home once and **check** on my dog, because he sometimes messes up the apartment if I don't go home before it's dark.

I might go home once　and　check on my dog,　because he sometimes messes up the apartment　if I don't go home before it's dark.

5 ｜ I **might break up** with my boyfriend, because he cheated on me.

I might break up with my boyfriend,　because　he cheated on me.

6 ｜ I **might give** this shirt away, but if you want it, you can have it.

I might give this shirt away,　but　if you want it,　you can have it.

7 ｜ I **might go out** for lunch, so if you want anything, just call me.

I might go out for lunch,　so　if you want anything,　just call me.

13

m
i
g
h
t

8 I **might quit** my job and **go back** to Italy, but I have to save up for my air ticket.

I might quit my job   and   go back to Italy,   but   I have to save up for my air ticket.

9 I **might leave** work early, because I have a headache and I can't work when I have a headache.

I might leave work early,   because   I have a headache   and I can't work   when I have a headache.

10 I **might cook** dinner tonight, but don't expect it to be so good, because I'm really bad at cooking.

I might cook dinner tonight,   but   don't expect it to be so good,   because   I'm really bad at cooking.

チャンク&日本語を確認しよう！

1 明日、仕事に行くかもしれません、なぜかと言うと、まだ終わらせないといけない事がいくつかあるからです。

2 今晩、彼女に会うかもしれないけど、そうじゃなかったら遊びに行って、朝まではじけましょう。

3 その映画は今週末、観に行くかもしれないから、友達と観に行ってきてもよいよ。

4 一度家に帰って、犬の様子を見るかもしれません、なぜかと言うと、暗くなる前に帰らないと家の中をめちゃくちゃにすることがあるんです。

5 彼氏と別れるかもしれません、なぜかと言うと、彼が浮気をしたからです。

6 このシャツは人にあげるかもしれないけど、欲しかったら、あげるよ。

7 ランチを食べに出かけるかもしれないから、何か欲しかったら、電話してね。

8 仕事を辞めてイタリアに帰るかもしれませんが、航空券が買えるように貯金しないといけません。

9 今日、早退するかもしれません、なぜかと言うと、頭が痛いのと、頭が痛いと仕事ができないからです。

10 今夜、晩ご飯を作るかもしれないけど、期待しないでね、なぜかと言うと、本当に料理下手だから。

Words & Phrases

- **go to work**「仕事に行く」
- **if not,**「そうではなかったら、」
- **go watch** ～「～を観に行く」
- **check on** ～「～の様子を見る」
- **mess up** ～「～をめちゃくちゃにする」
- **break up with** ～「～と別れる」
- **cheated on** ～「～をだました、浮気した」
- **go out for lunch**「ランチを食べに出かける」
- **quit one's job**「仕事を辞める」
- **save up for** ～「～のために貯金する」
- **leave work early**「（職場を）早退する」
- **have a headache**「頭が痛い、頭痛がする」
- **expect**「期待する」

14 might not

しないかもしれません

先ほどのトレーニングの否定文で、英語思考のトレーニングを
行いましょう。might の否定形なので might not（〜しないかも
しれない）です。語順を日本語に直したり、読み返したりしな
いで、「チャンクごと」を意識してくださいね。

1 I **might not come** home tonight, because my work is really busy.

I might not come home tonight,　because　my work is really busy.

2 I **might not make** it to the dinner tonight, but please enjoy without me.

I might not make it to the dinner tonight,　but　please enjoy without me.

3 I **might not eat** breakfast, so don't wake me up tomorrow.

I might not eat breakfast,　so　don't wake me up tomorrow.

4 I **might not go** to yoga lesson and **run** instead.

I might not go to yoga lesson　and　run instead.

5 | **I might not see** him, because I know we're just going to argue.

I might not see him,　because　I know we're just going to argue.

6 | **I might not be** on time, but I'll go for sure.

I might not be on time,　but　I'll go for sure.

7 | **I might not answer** my phone, so don't get mad if I don't.

I might not answer my phone,　so　don't get mad if I don't.

8 | **I might not talk** to her anymore, because I didn't like the way she talked to me.

I might not talk to her anymore,　because　I didn't like the way she talked to me.

9 | **I might not go** to the party, because my ex-girlfriend is going and I really don't want to see her.

I might not go to the party,　because　my ex-girlfriend is going and　I really don't want to see her.

10 | **I might not be able to finish** all this food, so if possible, I'd like to take some home.

I might not be able to finish all this food,　so　if possible, I'd like to take some home.

14

might not

1 今夜は家に帰らないかもしれません、なぜかと言うと、仕事が忙しいからです。

2 今晩はディナーに行けないかもしれないけど、私抜きで楽しんでね。

3 朝ごはんを食べないかもしれないので、明日は起こさないでね。

4 ヨガレッスンには行かずに、代わりにランニングに行くかもしれません。

5 彼には会わないかもしれません、なぜかと言うと、彼に会うと口論になるのはわかっているので。

6 時間通りには行けないかもしれないけど、絶対行くね。

7 電話に出ないかもしれませんが、出なくても怒らないでくださいね。

8 もう彼女とは話さないかもしれません、なぜかと言うと、彼女の私に対する話し方（態度）が嫌だったからです。

9 パーティーには行かないかもしれません、なぜかと言うと、私の元カノが行くのですが、彼女には本当に会いたくないからです。

10 これ全部食べきれないかもしれないのですが、もし可能であれば少し持って帰りたいです。

Words & Phrases

14
might not

- **come home**「家に帰る」
- **make it to the dinner**「ディナーに行く」
- **eat breakfast**「朝ごはんを食べる」
- **argue**「口論する」
- **on time**「時間通りに」
- **for sure**「絶対に、確かに」
- **get mad**「怒る」
- **ex-girlfriend**「元カノ、前の彼女」
- **really don't want to ~**「本当に~したくない」
- **if possible,**「もし可能であれば、」

15

have to
しなければなりません

ここからは have to（しないといけない）を使った英文を使って
トレーニングをしましょう。
have to は might 同様、「助動詞」として習いますが、こちらも
実際には未来の予定などについて話す時によく使います。
have to は助動詞ではなく、未来の話をする時の動詞として覚え
ましょう。

1 I **have to go pick up** my son from school, because my wife went on a vacation to Hawaii.

I have to go pick up my son from school,　because　my wife went on a vacation to Hawaii.

2 I **have to finish** all my homework first, so I can go out and play soccer with my friends.

I have to finish all my homework first,　so　I can go out and play soccer　with my friends.

3 I **have to rush** home, **take** a shower, and **get ready** for my mother-in-law's birthday dinner.

I have to rush home,   take a shower,   and get ready   for my mother-in-law's birthday dinner.

4 I **have to go** to work, but I can't get out of my bed since I was up until 3 am watching You Tube.

I have to go to work,   but   I can't get out of my bed   since I was up until 3 am   watching You Tube.

5 I **have to walk** all the way home, because the train stopped, but I hate walking, so I'm thinking of taking a taxi home.

I have to walk all the way home,   because   the train stopped, but   I hate walking,   so   I'm thinking of taking a taxi home.

15

have to

6 I **have to go get** a haircut, because I have an interview next week and I think I should look neat for my interview.

I have to go get a haircut,   because   I have an interview next week   and   I think I should look neat   for my interview.

7 I **have to go** to the post office today and **send** my best friend a package for his birthday.

I have to go to the post office today   and   send my best friend a package   for his birthday.

8 I **have to go** to an important meeting soon, but my head is throbbing from a bad headache.

I have to go to an important meeting soon,   but   my head is throbbing from a bad headache.

9 I **have to find** a vegan restaurant, because my friend doesn't eat any meat, dairy products, nor seafood.

I have to find a vegan restaurant,   because   my friend doesn't eat any meat,   dairy products,   nor seafood.

10 I **have to clean** my apartment today, so my mom won't get angry at me when she visits me tonight.

I have to clean my apartment today,   so   my mom won't get angry at me   when she visits me tonight.

日本語を確認しよう!

1. 息子を学校まで迎えに行かないといけません、なぜかと言うと、妻がハワイに旅行中だからです。

2. 先に宿題を終わらせないといけません、そうしたら外に行って友達とサッカーができるんです。

3. 急いで家に帰って、シャワーを浴びて、義母の誕生日ディナーに行く準備をしないといけません。

4. 仕事に行かないといけないのですが、ベッドから出られません、なぜかと言うと、朝の 3 時までユーチューブを観ていたからです。

5. 家に歩いて帰らないといけません、なぜかと言うと、電車が止まってしまったからです、でも歩くのが嫌いなので、タクシーに乗って帰ろうと思っています。

15

have to

6 髪を切らないといけません、なぜかと言うと、来週面接があるんですが、面接には清潔感があるように見えたほうが良いと思うからです。

7 今日、郵便局に行って、親友の誕生日に荷物を送らないといけません。

8 もうすぐ重要なミーティングに行かないといけないのですが、頭痛で頭がズキズキします。

9 ビーガン・レストランを探さないといけません、なぜかと言うと、友人がお肉、乳製品、そしてシーフードを一切食べないんです。

10 今日、家の掃除をしないといけません、そうしたら母が今晩家に来た時に怒らないので。

Words & Phrases

- **go pick up** ～「～を迎えに行く」
- **finish** ～「～を終える」
- **play soccer with** ～「～とサッカーをする」
- **rush home**「急いで家に帰る」
- **take a shower**「シャワーを浴びる」
- **get ready for** ～「～の準備をする」
- **mother-in-law**「義母」
- **go to work**「仕事に行く」
- **get out of** ～「～から出る」
- **take a taxi**「タクシーに乗る」
- **interview**「面接」
- **neat**「清潔な、きちんとした」
- **throb**「ズキズキする」
- **dairy products**「乳製品」

15

have to

16 don't have to

しなくてもいいです

ここでは don't have to（しなくてもいい）を使った英文でトレーニングをしましょう。
have to 同様、don't have to もよく使う形なので、しっかりと理解できるようになっておいたほうがいいですよ。

1 I **don't have to pick up** my son from school, because my wife came back from her trip.

I don't have to pick up my son from school,　because　my wife came back from her trip.

2 I **don't have to finish** all my homework today, because my mom isn't home to check on me.

I don't have to finish all my homework today,　because my mom isn't home to check on me.

3 I **don't have to rush** home and **get ready** for my mother-in-law's birthday party, because they are starting later, so I'm going to take my time.

I don't have to rush home　and　get ready　for my mother-in-law's birthday party,　because　they are starting later,　so　I'm going to take my time.

4 I **don't have to cook** for 3 days, because my husband is on a business trip.

I don't have to cook for 3 days,　because　my husband is on a business trip.

5 I **don't have to go** to work today, but I have to join a Zoom meeting at 4 pm.

I don't have to go to work today,　but　I have to join a Zoom meeting at 4 pm.

6 I **don't have to go** get a haircut, because my friend is willing to cut my hair.

I don't have to go get a haircut,　because　my friend is willing to cut my hair.

16

don't have to

7 I **don't have to walk** my dog today nor **take** the garbage out, because my daughter will do that for me.

I don't have to walk my dog today   nor   take the garbage out, because   my daughter will do that for me.

8 I **don't have to go** to the important meeting, since my boss is going instead of me, so I'm just going to take my lunch break.

I don't have to go to the important meeting,   since   my boss is going instead of me,   so   I'm just going to take my lunch break.

9 I **don't have to wake up early** and **make** my son a lunch box tomorrow, because I made it today.

I don't have to wake up early   and   make my son a lunch box tomorrow,   because   I made it today.

10 I **don't have to clean** the house today, but I need to go grocery shopping, so I can cook dinner.

I don't have to clean the house today,   but   I need to go grocery shopping,   so   I can cook dinner.

日本語を確認しよう！

1 僕が息子を学校に迎えに行かなくても大丈夫です、なぜかと言うと、妻が旅行から帰ってきたからです。

2 今日は宿題を全部終わらせなくても大丈夫です、なぜかと言うと、母が家にいないのでチェックされないからです。

3 家に急いで帰って義母の誕生日パーティーの準備しなくてもよくなりました、なぜかと言うと、スタート時間が遅くなったので、ゆっくり準備しようと思います。

4 ３日間、料理しなくても大丈夫です、なぜかと言うと、夫が出張に行っているんです。

5 今日は仕事に行かなくてもよいのですが、午後４時にZoomミーティングに参加しないといけません。

6 美容院に髪を切ってもらいに行かなくても大丈夫です、なぜかと言うと、友達が髪を切ってくれるからです。

7 私は今日、犬の散歩とゴミ出しをやらなくても大丈夫です、なぜかと言うと、娘が代わりにやってくれるからです。

8 私は大事なミーティングに行かなくても大丈夫です、なぜかと言うと、私の代わりに上司が行くので、私はお昼休憩をとります。

9 明日は早起きして、息子のお弁当を作らなくても大丈夫です、なぜかと言うと、今日作ったからです。

10 今日は掃除をしなくてもいいのですが、晩ご飯を作るために食料品を買いに行かないといけません。

Words & Phrases

- **came back from** 〜「〜から帰って来た」
- **check on** 〜「〜をチェックする」
- **take one's time**「ゆっくりやる」
- **be on a business trip**「出張中で」
- **go to work**「仕事に行く」
- **join a Zoom meeting**「Zoom ミーティングに参加する」
- **be willing to** 〜「（喜んで）〜してくれる」
- **walk my dog**「犬の散歩をする」
- **take the garbage out**「ゴミを出す」
- **go instead of** 〜「〜の代わりに行く」
- **make** 〜 **a lunch box**「〜のお弁当を作る」
- **go grocery shopping**「食料品を買いに行く」

16

don't have to

17 might have to

しなければいけないかもしれません

ここからは might have to（しないといけないかもしれない）を
使った英文でトレーニングをしましょう。
学校ではあまり習わない表現かもしれませんが、実際の会話で
はよく使うし、よく聞く表現なので、ここでしっかりと覚えて
おきましょう。

1 I **might have to move** my car, because the parking lot only allows 2 hours of parking.

I might have to move my car,　because　the parking lot　only allows 2 hours of parking.

2 I **might have to drive** to work today, so I'm going to bring my glasses just in case.

I might have to drive to work today,　so　I'm going to bring my glasses　just in case.

3 I **might have to work overtime** tomorrow, but I have a very important dinner to go to.

I might have to work overtime tomorrow,　but　I have a very important dinner to go to.

4 I **might have to take the cab and go** to school tomorrow, because the bus company is on strike.

I might have to take the cab　and　go to school tomorrow, because　the bus company is on strike.

5 I **might have to pay** my friend 10,000 yen, because I spilled coffee on her brand new white shirt.

I might have to pay my friend 10,000 yen,　because　I spilled coffee　on her brand new white shirt.

6 I **might have to take** my baby girl outside and **soothe** her, so she will stop crying.

I might have to take my baby girl outside　and　soothe her, so　she will stop crying.

17

might have to

7 | I **might have to go visit** my grandma on the weekend and **celebrate** her 80th birthday.

I might have to go visit my grandma on the weekend   and celebrate her 80th birthday.

8 | I **might have to go** to my friend's wedding party in December, but I can't afford it.

I might have to go to my friend's wedding party in December, but   I can't afford it.

9 | I **might have to** quickly **go** to the grocery store, because we might run out of beer.

I might have to quickly go to the grocery store,   because we might run out of beer.

10 | I **might have to stop** by at the gas station to fill up gas, so our car won't stop on the way to the destination.

I might have to stop by at the gas station   to fill up gas,   so our car won't stop   on the way to the destination.

日本語を確認しよう！

1. 車を移動しないといけないかもしれません、なぜかと言うと、駐車場が 2 時間までなので。

2. 今日は会社に車で行かないといけないかもしれないので、念のためにメガネを持って行きます。

3. 明日は残業しないといけないかもしれないのですが、すごく大事なディナーに行かないといけないんです。

4. 明日は学校にタクシーで行かないといけないかもしれません、なぜかと言うと、バス会社がストを起こしているんです。

5. 友達に 1 万円払わないといけないかもしれません、なぜかと言うと、彼女の新しい白いシャツにコーヒーをこぼしてしまったからです。

17

might have to

6 娘を外に連れて行ってあやさないといけないかもしれません、そうすれば泣き止むので。

7 週末は祖母のところに行って、80 才の誕生日を祝わないといけないかもしれません。

8 12 月に友達の結婚式に行かないといけないかもしれないのですが、お金に余裕がありません。

9 急いでスーパーに行かないといけないかもしれません、なぜかと言うと、ビールが足りなくなるかもしれないからです。

10 ガソリンを補充するためにガソリンスタンドに寄らないといけないかもしれません、目的地に行く途中でガス欠にならないように。

Words & Phrases

- **move one's car**「車を移動する」
- **drive to work**「車で会社に行く」
- **just in case**「念のために」
- **work overtime**「残業する」
- **take a cab**「タクシーで行く」
- **be on strike**「ストライキ中で」
- **spill coffee**「コーヒーをこぼす」
- **soothe ~**「~をあやす」
- **celebrate**「祝う」
- **can't afford**「(お金の) 余裕がない」
- **run out of ~**「~が足りない」
- **stop by ~**「~に寄る」
- **fill up gas**「ガソリンを補充する」
- **destination**「目的地」

17

might have to

18 might not have to

しなくていいかもしれません

ここでは might not have to（しなくてもいいかもしれない）を
使った英文でトレーニングをしましょう。
肯定文の might have to（しないといけないかもしれない）同様、
実際の会話ではよく使うし、よく聞く表現ですよ！

1 I **might not have to move** my car, because the staff doesn't come around that often to check.

I might not have to move my car,　because　the staff doesn't come around that often to check.

2 I **might not have to drive** to work today, so I'm just going to wear my contacts.

I might not have to drive to work today,　so　I'm just going to wear my contacts.

3 I **might not have to work overtime** tomorrow, but I already told my friend I'm going to be late for dinner.

I might not have to work overtime tomorrow,　but　I already told my friend　I'm going to be late for dinner.

4 | **I might not have to take** the cab to school tomorrow, because the bus company stopped going on strike.

I might not have to take the cab to school tomorrow,　because the bus company stopped going on strike.

5 | **I might not have to pay** my friend 10,000 yen, because the coffee stain on her brand new white shirt came off.

I might not have to pay my friend 10,000 yen,　because the coffee stain on her brand new white shirt came off.

6 | **I might not have to do** the chores today, because my husband said he will do them.

I might not have to do the chores today,　because　my husband said he will do them.

7 | **I might not have to go** visit my grandma on the weekend and **celebrate** her 80th birthday.

I might not have to go visit my grandma on the weekend　and celebrate her 80th birthday.

8 | **I might not have to go** to my friend's wedding party in December, but I actually wanted to go.

I might not have to go to my friend's wedding party in December, but　I actually wanted to go.

9 I **might not have to go** to the grocery store, because we might have enough beer.

I might not have to go to the grocery store, because we might have enough beer.

10 I **might not have to go** to my client's office today, so I'm going to dress casual.

I might not have to go to my client's office today, so I'm going to dress casual.

チャンク&日本語を確認しよう!

1 　車を動かさなくてよいかもしれません、なぜかと言うと、係りの人がそんなに頻繁にチェックしに来ないので。

2 　今日は仕事に車で行かなくてよいかもしれないので、コンタクトをつけて行きます。

3 　明日、残業しなくてもよいかもしれないのですが、友達には夕食に遅れると伝えてしまいました。

4 　明日は学校までタクシーで行かなくてもよいかもしれません、なぜかと言うと、バス会社のストが終わったんです。

5 　友達に 1 万円払わなくてよいかもしれません、なぜかと言うと、彼女の新しい白いシャツについたコーヒーのシミが取れたので。

18

might not have to

6 今日は家事をやらなくてよいかもしれません、なぜかと言うと、夫がやってくれると言っていたので。

7 週末に祖母の家に行って、80才の誕生日をお祝いしなくてもよいかもしれません。

8 12月に友達の結婚式に行かなくてよいかもしれないのですが、実は行きたかったんです。

9 スーパーに行かなくてもよいかもしれません、なぜかと言うと、ビールが足りているかもしれないので。

10 今日はクライアントのオフィスに行かなくてよいかもしれないので、カジュアルな服装で出社します。

Words & Phrases

- **come around**「やって来る」
- **wear one's contacts**「コンタクトをつける」
- **be late for** 〜「〜に遅れる」
- **go on strike**「ストを行う」
- **stain**「シミ」
- **do the chores**「家事をする」
- **celebrate**「祝う」
- **actually**「実は」
- **client**「クライアント、取引先」

19 be planning to

する予定です

ここでは be planning to（する予定）を使った英文でトレーニングをしましょう。
学校では未来形というと、be going to と will を重点的に教えますが、be planning to も be going to と同じくらいよく使われています。しっかりと覚えておいてください。

1 I'**m planning to watch** a movie with my friend, but I've already watched this movie.

I'm planning to watch a movie with my friend,　but　I've already watched this movie.

2 I'**m planning to buy** some flowers tonight, because it's my wife's birthday tomorrow.

I'm planning to buy some flowers tonight,　because　it's my wife's birthday tomorrow.

3 **I'm planning to cook** tonight, so can you give me some suggestions?

I'm planning to cook tonight,　so　can you give me some suggestions?

4 **I'm planning to go** shopping to buy rain boots for the rainy season.

I'm planning to go shopping　to buy rain boots　for the rainy season.

5 **I'm planning to go** to Las Vegas to see some shows, but I don't know if I can get the tickets.

I'm planning to go to Las Vegas to see some shows,　but I don't know if I can get the tickets.

6 **I'm planning to eat** lunch at that pizza restaurant, because their lunch special is really cheap.

I'm planning to eat lunch　at that pizza restaurant,　because their lunch special is really cheap.

7 **I'm planning to see** Imran tonight, so I can give him the files for you.

I'm planning to see Imran tonight,　so　I can give him the files for you.

19

be planning to

8 I'**m planning to** just **stay** home and **cook** all day to prepare for next week's lunch box.

I'm planning to just stay home and cook all day   to prepare for next week's lunch box.

9 I'**m planning to buy** a gift for father's day, but I have no idea what to get him since he's really picky.

I'm planning to buy a gift for father's day,   but   I have no idea what to get him   since he's really picky.

10 I'**m planning to take** my mother to Hakone's hot spring, because she is tired and needs to relax.

I'm planning to take my mother to Hakone's hot spring,   because she is tired and needs to relax.

日本語を確認しよう！

1 友達と映画を観る予定なのですが、実はこの映画はもう観てしまったんです。

2 今晩、花を買うつもりです、なぜかと言うと、明日は妻の誕生日なんです。

3 今晩、料理をする予定なので、何か良いアイディアをもらえませんか？

4 梅雨に備えてレインブーツを買いに行く予定です。

5 ラスベガスにショーを見に行く予定なのですが、チケットが買えるかどうかわかりません。

6 あのピザ屋さんでランチを食べる予定です、なぜかと言うと、あそこのおすすめランチがすごく安いからです。

19

be planning to

7 今晩イムランに会う予定なので、あなたの代わりに彼に
ファイルを渡しておきますよ。

8 今日は１日中家にいて、来週のお弁当の分を用意して作
るつもりです。

9 父の日にプレゼントを買おうと思っているんですが、父
はすごいこだわりを持っているタイプなので、何を買っ
たら良いか見当もつきません。

10 母を箱根の温泉に連れて行くつもりです、なぜかと言う
と、母は疲れていて、休む必要があるからです。

Words & Phrases

- **watch a movie**「映画を観る」
- **suggestion**「提案、アイデア」
- **the rainy season**「梅雨」
- **get the tickets**「チケットを買う、入手する」
- **cheap**「安い」
- **stay home**「家にいる」
- **prepare for** ～「～の用意をする」
- **buy a gift**「プレゼントを買う」
- **father's day**「父の日」
- **picky**「こだわる」
- **hot spring**「温泉」

20 be thinking about
しようと思っています

ここでは be thinking about（しようと思っている）を使った英文でトレーニングをしましょう。
be planning to 同様、be thinking about も be going to と同じくらいよく使われています。しっかりと覚えておいてください。

1 **I'm thinking about moving** to Odaiba, because Odaiba has many high-rise apartments and I'd love to live in a high-rise.

I'm thinking about moving to Odaiba,　because　Odaiba has many high-rise apartments　and　I'd love to live in a high-rise.

2 **I'm thinking about quitting** my job in November, so I can go on a vacation for a whole month.

I'm thinking about quitting my job in November,　so　I can go on a vacation for a whole month.

3 I**'m thinking about going** to the gym, but I'm not sure which gym is good.

I'm thinking about going to the gym,　but　I'm not sure　which gym is good.

4 I**'m thinking about signing up** for kick boxing classes and swimming classes, but I'm not sure if I can continue going.

I'm thinking about signing up for　kick boxing classes　and swimming classes,　but　I'm not sure if I can continue going.

5 I**'m thinking about planning** a high school reunion, because it's been 10 years since we graduated.

I'm thinking about planning a high school reunion,　because it's been 10 years　since we graduated.

6 I**'m thinking about buying** some souvenir for my friends, so can you recommend some good sweets?

I'm thinking about buying some souvenir for my friends,　so can you recommend some good sweets?

7 I**'m thinking about getting** a haircut, but I'm not sure if I should dye my hair dark or blonde again.

I'm thinking about getting a haircut,　but　I'm not sure if I should dye my hair dark or blonde again.

20

be thinking about

8 **I'm thinking about going** to my favorite restaurant tonight and just **ordering** all the food I've been craving for.

I'm thinking about going to my favorite restaurant tonight   and just ordering all the food   I've been craving for.

9 **I'm thinking about buying** these pants, because they make my legs look longer and slimmer.

I'm thinking about buying these pants,   because   they make my legs look longer and slimmer.

10 **I'm thinking about organizing** a Halloween event, so can you ask your friends if they can join?

I'm thinking about organizing a Halloween event,   so   can you ask your friends if they can join?

日本語を確認しよう！

1　お台場に引っ越そうと思っています、なぜかと言うと、お台場には高層マンションがたくさんあって、ぜひ、高層に住んでみたいからです。

2　11 月に仕事を辞めようと思っています、そうしたら 1 ヶ月間、丸々休暇が取れます。

3　ジムに行こうと思っていますが、どのジムが良いのかわかりません。

4　キックボクシングと水泳のレッスンに申し込もうと思っているのですが、通い続けられるかどうかわかりません。

5　高校の同窓会を企画しようと思っています、なぜかと言うと、もう卒業から 10 年経っているからです。

20
be thinking about

6 友達にお土産を買おうと思っているので、何か良いスイーツをおすすめしてもらえませんか?

7 髪を切ろうと思っているのですが、髪を濃いめに染めたほうが良いか、もう一度ブロンドにしたほうが良いかわかりません。

8 今夜お気に入りのレストランに行って、食べたくてしょうがない食べ物を全部注文しようと思っています。

9 このパンツを買おうと思っています、なぜかと言うと、このパンツで足が長くてスリムに見えるからです。

10 ハロウィン・イベントをやろうと思っているので、あなたの友達に来れるかどうか聞いてもらえますか?

Words & Phrases

- **move to** ～「～に引っ越す」
- **high-rise apartment**「高層マンション」
- **quit one's job**「仕事を辞める」
- **sign up for** ～「～に申し込む」
- **continue going**「通い続ける」
- **a high school reunion**「高校の同窓会」
- **graduate**「卒業する」
- **souvenir**「おみやげ」
- **recommend**「すすめる、推薦する」
- **dye**「染める」
- **favorite**「お気に入りの、好きな」
- **crave for** ～「～を切望する、熱望する」
- **organize**「計画する、催す、組織する」

21 be supposed to

することになっています

ここでは be supposed to（することになっている）を使った英文でトレーニングをしましょう。

この表現も be going to、be planning to、be thinking about 同様、よく使われます。

よく、「やりたくないのに、やらないといけない場合」に使うと言われますが、実際はやりたい、やりたくないは関係なく、「誰かと約束している場合」に使うことが多いです。

1. **I'm supposed to pick up** my sister at the airport, but I have a slight fever, so I might ask my brother to go instead.

I'm supposed to pick up my sister at the airport, but I have a slight fever, so I might ask my brother to go instead.

2. **I'm supposed to leave** my house at 4, but I don't think I can, because I still haven't received my package.

I'm supposed to leave my house at 4, but I don't think I can, because I still haven't received my package.

3 **I'm supposed to avoid** all dairy products, because I get a really bad stomachache when I eat or drink them.

I'm supposed to avoid all dairy products,　because　I get a really bad stomachache　when I eat or drink them.

4 **I'm supposed to get paid** today, so I can treat you to a nice dinner tomorrow if you're free.

I'm supposed to get paid today,　so　I can treat you to a nice dinner tomorrow　if you're free.

5 **I'm supposed to mow** the lawn tomorrow, because I promised my mom I would.

I'm supposed to mow the lawn tomorrow,　because　I promised my mom I would.

6 **I'm supposed to bake** a cake for the potluck party, so do you think you can help me make it?

I'm supposed to bake a cake for the potluck party,　so　do you think you can help me make it?

21

be supposed to

7 **I'm supposed to be the drive** tonight, but I had a glass of wine, so I don't think I should drive tonight.

I'm supposed to be the drive tonight,   but   I had a glass of wine,   so   I don't think I should drive tonight.

8 **I'm supposed to go return** these DVDs and **buy** milk and cheese from the convenience store, but I'm lazy.

I'm supposed to go return these DVDs   and   buy milk and cheese   from the convenience store,   but   I'm lazy.

9 **I'm supposed to babysit** my sister's son in the afternoon, because my sister will be attending a wedding.

I'm supposed to babysit my sister's son in the afternoon, because   my sister will be attending a wedding.

10 **I'm supposed to do** the laundry, but I just ran out of detergent, so I have to go buy it.

I'm supposed to do the laundry,   but   I just ran out of detergent,   so   I have to go buy it.

日本語を確認しよう！

1. 妹を空港でひろうことになっているのですが、少し熱があるので、弟に代わりに行ってもらうかもしれません。

2. 家を 4 時に出ることになっているのですが、たぶんできないと思います、なぜかと言うと、まだ荷物を受け取っていないからです。

3. 乳製品はすべて避けるように言われています、なぜかと言うと、乳製品を食べたり飲んだりするとひどい腹痛になるからです。

4. 今日は給料が支払われることになっているので、もし明日空いていれば、素敵なディナーをご馳走しますよ。

5. 明日は、庭の芝生を刈ることになっています、なぜかと言うと、母にそうすると約束したからです。

21
be supposed to

6 持ち寄りパーティー用にケーキを焼かないといけないので、作るのを手伝ってもらえませんか？

7 今夜は私が運転する予定なんですが、ワインを一杯飲んでしまったので、もう今夜は運転しないほうが良いと思います。

8 これらの DVD を返却して、コンビニで牛乳とチーズを買わないといけないんですが、私は怠け者なんです。

9 午後に姉の息子の面倒を見ることになっているんです、なぜかと言うと、姉が結婚式に出席するからです。

10 洗濯をしないといけないのですが、今ちょうど洗剤が切れたので、買いに行かないといけません。

Words & Phrases

- **have a slight fever**「少し熱がある」
- **receive**「受け取る」
- **avoid**「避ける」
- **stomachache**「腹痛」
- **treat**「おごる、ごちそうする」
- **mow the lawn**「庭の芝刈りをする」
- **promise**「約束する」
- **bake a cake**「ケーキを焼く」
- **potluck**「持ち寄り、あり合わせ」
- **babysit**「(子供の) 面倒を見る」
- **attend**「出席する」
- **do the laundry**「洗濯をする」
- **run out of** ～「～が切れる」
- **detergent**「洗剤」

21

be supposed to

22 have ＋過去分詞

したことがあります

ここでは have ＋過去分詞〔現在完了形のことです〕を使った英文でトレーニングをしましょう。

今回は「○○したことがあります」という意味で使います。現在完了形は使い方がたくさんあるのですが、この意味が一番よく使われるので、しっかりと覚えましょう。

1 **I've been** to Italy many times, but I've never seen any Japanese people there.

I've been to Italy many times,　but　I've never seen any Japanese people　there.

2 **I've been** to Hokkaido 5 times, so I want to go somewhere else this year.

I've been to Hokkaido 5 times,　so　I want to go somewhere else this year.

3 **I've been** to that restaurant, but the service was terrible and the food was too salty.

I've been to that restaurant,　but　the service was terrible　and the food was too salty.

4 **I've been** to Spain with my boyfriend, but I don't really remember anything from the trip.

I've been to Spain with my boyfriend,　but　I don't really remember anything　from the trip.

5 **I've been** to Korea and Hong Kong, so I want to go to Malaysia and Vietnam this summer.

I've been to Korea and Hong Kong,　so　I want to go to Malaysia and Vietnam this summer.

6 **I've tried** ballroom dancing, but I like hip hop dance and jazz dance better.

I've tried ballroom dancing,　but　I like hip hop dance and jazz dance better.

7 I'**ve tried** crocodile meat before and it was really good, so you should try it too.

I've tried crocodile meat before   and   it was really good, so   you should try it too.

8 I'**ve tried talking** to her, but she just won't listen to me.

I've tried talking to her,   but   she just won't listen to me.

9 I'**ve tried** that bar, because my colleague recommended it, but it was so expensive.

I've tried that bar,   because   my colleague recommended it, but   it was so expensive.

10 I'**ve tried watching** this movie, but it was so boring, I fell asleep after 30 minutes.

I've tried watching this movie,   but   it was so boring,   I fell asleep after 30 minutes.

日本語を確認しよう！

1. イタリアには何度も行ったことがありますが、そこで日本人を見たことはありません。

2. 北海道にはもう 5 回行っているので、今年は他のところに行きたいです。

3. あのレストランには行ったことがありますが、サービスは最低で、食事はしょっぱすぎました。

4. 彼氏とスペインに行ったことがあります、でも、旅行のことを何も覚えていません。

5. 韓国と香港には行ったことがあるので、今年の夏はマレーシアとベトナムに行きたいです。

6　社交ダンスをやったことがありますが、ヒップホップと
　　ジャズのほうが好きです。

7　ワニの肉を食べてみたことがあって、すごくおいしかっ
　　たので、ぜひ試してみてください。

8　彼女と話そうとしたことはありますが、とにかく僕の言
　　うことを聞いてくれません。

9　あのバーに行ったことがあります、なぜかと言うと、同
　　僚のおすすめだったから、でもすごく高かったです。

10　この映画を観ようとしたことはありますが、すごくつまら
　　なかったので、30分で寝ちゃいました。

Words & Phrases

- **go somewhere else**「他のところに行く」
- **terrible**「ひどい、悪い」
- **salty**「しょっぱい」
- **Korea**「韓国」
- **Vietnam**「ベトナム」
- **ballroom dancing**「社交ダンス」
- **crocodile**「ワニ」
- **listen to** ~「~の言うことを聞く」
- **colleague**「同僚」
- **recommend**「すすめる、推薦する」
- **expensive**「(値段が) 高い」
- **boring**「つまらない」
- **fall aslee**「寝る、眠る」

23 have never +過去分詞
一度も〜したことがありません

ここでは have never +過去分詞を使った英文でトレーニングを
しましょう。
これは、現在完了形の否定で「一度も○○したことがありません」
という意味です。
過去に何かをしたことがあるかを聞かれて、ない場合はこの答
え方をよく使います。

1 **I've never been** to the Middle East, because I don't really like spicy food and I don't think you can enjoy a trip unless you like the food in the area.

I've never been to the Middle East,　because　I don't really like spicy food　and　I don't think you can enjoy a trip　unless you like the food in the area.

2 **I've never been** to Hokkaido, so I'm planning a trip to Sapporo this winter.

I've never been to Hokkaido,　so　I'm planning a trip to Sapporo this winter.

3　I**'ve never been** to that restaurant, but my colleague highly recommends their cheeseburger.

I've never been to that restaurant,　but　my colleague highly recommends their cheeseburger.

4　I**'ve never been** to Europe nor the Middle East, so I'm going to take 2 weeks off of work next month to go.

I've never been to Europe　nor　the Middle East,　so　I'm going to take 2 weeks off of work　next month　to go.

5　I**'ve never been** to Thailand, because I'm not a huge fan of spicy food.

I've never been to Thailand,　because　I'm not a huge fan of spicy food.

6　I**'ve never tried** ballroom dancing, so I signed up for my first class next week.

I've never tried ballroom dancing,　so　I signed up for my first class next week.

7　I**'ve never tried** sea urchin, because it looks strange and I don't really like raw seafood.

I've never tried sea urchin,　because　it looks strange　and I don't really like raw seafood.

8 **I've never tried talking** to her, because she seems kind of mean and arrogant.

I've never tried talking to her,   because   she seems kind of mean and arrogant.

9 **I've never tried** that bar, but I've always wanted to go there.

I've never tried that bar,   but   I've always wanted to go there.

10 **I've never tried** bungee jumping, because I'm scared of heights.

I've never tried bungee jumping,   because   I'm scared of heights.

日本語を確認しよう！

1 中東に行ったことはありません、なぜかと言うと、辛い料理があまり好きではないのと、旅行は楽しむことができないと思うからです、地元の食事が好きでなければ。

2 北海道には行ったことがないので、今年の冬は札幌旅行を予定しています。

3 あのレストランには行ったことはありませんが、私の同僚があそこのチーズバーガーをすごくおすすめしていますよ。

4 ヨーロッパと中東には行ったことはありませんが、来月行くために 2 週間、会社を休みます。

5 タイには行ったことがありません、なぜかと言うと、辛い食事はそれほど好きではないからです。

6 社交ダンスをやったことがないので、来週の初回レッスンに申し込みました。

7 ウニを食べたことがありません、なぜかと言うと、見た目が変だからというのと、生のシーフードがあまり好きではないからです。

8 彼女と話そうとしたことはありません、なぜかと言うと、彼女は意地悪で傲慢そうだからです。

9 あのバーには行ったことはありませんが、ずっと前から行きたいと思っていました。

10 バンジージャンプをやったことがありません、なぜかと言うと、高い所が怖いからです。

Words & Phrases

- **the Middle East**「中東」
- **plan a trip**「旅行の計画を立てる」
- **colleague**「同僚」
- **recommend**「すすめる、推薦する」
- **Thailand**「タイ」
- **spicy**「辛い」
- **sign up for** ～「～に申し込む」
- **sea urchin**「ウニ」
- **raw seafood**「生のシーフード」
- **mean**「意地悪な」
- **arrogant**「傲慢な」
- **be scared of** ～「～が怖い」

23 | have never ＋ 過去分詞

24 have been + 動詞 + ing

ある期間～しています

ここでは have been +動詞 + ing を使った英文でトレーニング
をしましょう。

現在完了進行形、「○○の期間、××しています」という意味です。
「ある特定の期間、何かをしている」という時は、この表現を使
います。

1 I**'ve been living** in Tokyo for 10 years, but I don't
know the city that well.

I've been living in Tokyo for 10 years,　but　I don't know the city
that well.

2 I**'ve been eating** deep-fried food every single day for
a year, but I haven't gained any weight.

I've been eating deep-fried food every single day　for a year,
but　I haven't gained any weight.

3 | I**'ve been reading** Imran's English books for years, so my English improved so much.

I've been reading Imran's English books for years,   so my English improved so much.

4 | I**'ve been working** at this company for more than 20 years, because the pay is good and the job is rewarding.

I've been working at this company for more than 20 years, because   the pay is good   and   the job is rewarding.

5 | I**'ve been looking forward** to seeing my best friend, because I haven't seen her in 3 years.

I've been looking forward to seeing my best friend,   because I haven't seen her in 3 years.

6 | I**'ve been working** on this project for 3 months and my client seems to be really happy with it so far.

I've been working on this project for 3 months   and   my client seems to be really happy with it so far.

24

have been + 動詞 + ing

7 **I've been attending** a training course for the last 3 months and I'm starting to get a six-pack.

I've been attending a training course   for the last 3 months and   I'm starting to get a six-pack.

8 **I've been growing** my hair for 2 years, so I can arrange my hair however I want to at my wedding.

I've been growing my hair for 2 years,   so   I can arrange my hair   however I want to   at my wedding.

9 **I've been looking** for my keys for the past 30 minutes, but I can't find them.

I've been looking for my keys for the past 30 minutes,   but I can't find them.

10 **I've been using** this facial cream for 2 weeks and now my skin has less wrinkles and spots.

I've been using this facial cream for 2 weeks   and   now my skin has less wrinkles and spots.

日本語を確認しよう！

1 私は東京に 10 年住んでいますが、あまり詳しくはありません。

2 1 年間、1 日残らず揚げ物を食べていますが、まったく体重が増えていません。

3 イムランの英語の本を何年も読んでいるので、英語がかなり上達しました。

4 この会社に 20 年以上勤めています、なぜかと言うと、給料が良く、やりがいのある仕事ができるからです。

5 親友に会えるのを楽しみにしています、なぜかと言うと、もう 3 年も彼女に会っていないからです。

6 このプロジェクトを 3 ヶ月間やっています、そしてクライアントは今のところ満足そうです。

7 ここ 3 ヶ月間、トレーニング・コースを受講していて、お腹が割れて（シックスパックになって）きました。

8 2 年間、髪を伸ばしています、なので、結婚式で好きなように髪をアレンジできます。

9 ここ30分、ずっと鍵を探しているんですが、見つかりません。

10 この洗顔クリームを 2 週間使っていますが、肌のシワとシミが減りました。

Words & Phrases

- **deep-fried food**「揚げ物」
- **gain**「（体重が）増える」
- **improve**「上達する」
- **be rewarding**「やりがいがある」
- **be looking forward to ~**「~を楽しみにしている」
- **client**「クライアント、取引先」
- **so far**「今のところ」
- **attend a ~ course**「~のコースを受講する」
- **get a six-pack**「お腹が割れる（シックスパックになる）」
- **arrange one's hair**「髪をアレンジする」
- **facial cream**「洗顔クリーム」
- **wrinkle**「シワ」
- **spot**「シミ」

24

have been ＋動詞＋ ing

25 Imran's Sunday

イムランの日曜日

ここからは少し趣向を変えて、簡単なストーリーで練習しましょう。これまでのように一文ずつではなく、何文もあります。

分量が増えるので、少し難しく感じるかもしれませんが、ここまでのトレーニングをやっていれば、このスタイルに慣れるのも、きっと早いはずです！

Imran woke up at 7 in the morning yesterday.

Imran woke up　at 7 in the morning　yesterday.

He took a shower and got dressed.

He took a shower　and　got dressed.

He usually takes a shower before eating breakfast.

He usually takes a shower　before eating breakfast.

He usually has a slice of bread and a cup of coffee for breakfast.

He usually has a slice of bread　and　a cup of coffee
for breakfast.

He sometimes has breakfast at a fast food restaurant, but only when he doesn't have time.

He sometimes has breakfast   at a fast food restaurant,   but only when   he doesn't have time.

Yesterday, he ate 2 slices of bread and had 2 cups of coffee.

Yesterday,   he ate 2 slices of bread   and   had 2 cups of coffee.

After that, he left for work at around 8:30 am.

After that,   he left for work   at around 8:30 am.

He got to his office at 9:00 am, but he noticed there was no one at the office.

He got to his office at 9:00 am,   but   he noticed there was no one at the office.

He started working anyway, but after working for 2 hours, he realized that it was a Sunday.

He started working anyway,   but   after working for 2 hours, he realized   that it was a Sunday.

日本語を確認しよう！

イムランは昨日、朝 7 時に目が覚めました。

彼はシャワーを浴びて、着替えました。

彼は普段、朝食を食べる前にシャワーを浴びます。

彼の普段の朝食は、パン 1 枚とコーヒー 1 杯です。

彼はたまにファストフード・レストランで朝食を食べますが、それは時間がない時だけです。

昨日はパン 2 枚とコーヒー 2 杯でした。

その後、午前 8:30 頃にオフィスに行きました。

彼は午前 9:00 にオフィスに着きましたが、誰もオフィスにいないことに気がつきました。

どちらにせよ、彼は仕事を始めましたが、2 時間後に日曜日だということに気がつきました。

Words & Phrases

- **wake up at ~**「~時に起きる」
- **take a shower**「シャワーを浴びる」
- **a slice of bread**「パン 1 枚」
- **a cup of coffee**「コーヒー 1 杯」
- **don't have time**「時間がない」
- **leave for work**「オフィスに行く、仕事に行く」
- **notice**「気がつく」
- **start working**「仕事を始める」
- **realize**「気がつく」

26 Imran VS Chocolate Milk
イムラン対チョコレートミルク

Imran was feeling thirsty.

Imran was feeling thirsty.

He went to the kitchen and opened the refrigerator.

He went to the kitchen   and   opened the refrigerator.

He took the milk out of the refrigerator.

He took the milk   out of the refrigerator.

He put the bottle of milk on the counter.

He put the bottle of milk   on the counter.

He opened the kitchen cabinet and took out a glass.

He opened the kitchen cabinet   and   took out a glass.

He put the glass on the counter next to the milk.

He put the glass on the counter   next to the milk.

He **poured** some milk into the glass.

He poured some milk　into the glass.

He **put** the milk back into the refrigerator.

He put the milk　back into the refrigerator.

He **took** the chocolate syrup out of the refrigerator.

He took the chocolate syrup　out of the refrigerator.

He **poured** some chocolate syrup into the glass of milk.

He poured some chocolate syrup　into the glass of milk.

He **stirred** the milk with a spoon.

He stirred the milk　with a spoon.

He **licked** the spoon.

He licked the spoon.

26 | Imran VS Chocolate Milk

日本語を確認しよう！

イムランはのどが渇いていた。

彼はキッチンへ行き、冷蔵庫を開けた。

彼は冷蔵庫から牛乳を出した。

彼は牛乳の瓶をカウンターに置いた。

彼はキッチンの戸棚を開けて、グラスを取り出した。

彼はグラスをカウンターの牛乳の隣に置いた。

彼はグラスに牛乳を注いだ。

彼は牛乳を冷蔵庫に戻した。

彼はチョコレート・シロップを冷蔵庫から出した。

彼はチョコレート・シロップを牛乳に注いだ。

彼はスプーンで牛乳を混ぜた。

彼はスプーンをなめた。

Words & Phrases

- **thirsty**「のどが渇いた」
- **refrigerator**「冷蔵庫」
- **cabinet**「戸棚」
- **next to** ～「～の隣に」
- **pour A into B**「B に A を注ぐ」
- **put A back into B**「B に A を戻す」
- **stir**「混ぜる」
- **lick**「なめる」

Imran's Favorite Food

イムランの大好物

Imran's favorite food is pasta.

Imran's favorite food is pasta.

He just can't get enough of pasta.

He just can't get enough of pasta.

He eats pasta everyday for lunch and dinner.

He eats pasta everyday   for lunch and dinner.

He usually skips breakfast, because he thinks eating pasta twice a day gives him just about the right amount of calories needed per day.

He usually skips breakfast,   because   he thinks   eating pasta twice a day   gives him just about the right amount of calories needed per day.

If he were to eat pasta three times a day, he would undoubtedly gain weight.

If he were to eat pasta   three times a day,   he would undoubtedly   gain weight.

His favorite pasta restaurant is in Azabu Juban.

His favorite pasta restaurant　is in Azabu Juban.

They serve all kinds of pasta.

They serve　all kinds of pasta.

They serve regular pasta, short pasta, super-long pasta, twisted pasta, flat pasta, and any other kind of pasta that you can imagine.

They serve　regular pasta,　short pasta,　super-long pasta,　twisted pasta,　flat pasta,　and　any other kind of pasta　that you can imagine.

He likes pasta so much that he sometimes dreams about pasta.

He likes pasta so much　that　he sometimes dreams about pasta.

Once he dreamt about drowning in a pool of pasta.

Once　he dreamt about drowning　in a pool of pasta.

Do you have any food that you love so much?

Do you have any food　that　you love so much?

日本語を確認しよう！

イムランの好物はパスタです。

彼はパスタをいくら食べても食べ足りません。

彼は毎日、昼食と夕食にパスタを食べています。

彼は朝食はだいたい抜きます、なぜかと言うと、1日に
パスタ2食で1日の必要摂取カロリーがちょうど良い
と思っているからです。

もし彼が1日に3回パスタを食べたら、間違いなく体
重が増えます。

彼のお気に入りのパスタ・レストランは麻布十番にあります。

そこは様々な種類のパスタがあります。

普通のパスタ、短いパスタ、超長いパスタ、くるくるパ
スタ、平べったいパスタ、そして想像し得るあらゆる種
類のパスタがあります。

彼はあまりにもパスタが好きなので、パスタが夢に出て
くることもあります。

彼は一度、パスタのプールで溺れる夢を見ました。

それほど好きな食べ物って何かありますか？

Words & Phrases

- **favorite food**「好物」
- **skip** ~「~を省く、抜く」
- **twice a day**「1 日に 2 回」
- **three times a day**「1 日に 3 回」
- **undoubtedly**「間違いなく」
- **gain weight**「体重が増える」
- **serve**「(料理を) 出す」
- **flat**「平らな」
- **imagine**「想像する」
- **dream about** ~「~の夢を見る」

28 Imran's Crush
イムランの一目ぼれ

He **couldn't focus** on the meeting at all.

He couldn't focus　on the meeting at all.

Finally, Imran **decided to go** to her table and **talk** to her.

Finally,　Imran decided to go to her table　and　talk to her.

But, as he was getting up from his chair, Maria and her friends **stood up and left** the restaurant.

But,　as he was getting up　from his chair,　Maria and her friends　stood up　and　left the restaurant.

Imran **was** heart broken.

Imran was heart broken.

He **had never fallen** in love at first sight.

He had never fallen in love　at first sight.

イムランがマリアに会ったのは銀座のイタリアン・レストランだった。

イムランはビジネス・ミーティングでそこに来ていて、マリアは女友達と来ていた。

マリアはあまりにも美しかったので、イムランは彼女から目を離すことができなかった。

イムランはディスカッションの最中だったが、ミーティングの間、何度も彼女を見た。

彼はミーティングにまったく集中できなかった。

最終的に、イムランは彼女のテーブルに行って、彼女と話そうとした。

しかし、彼が席から立ち上がろうとした時に、マリアと彼女の友達は立ち上がり、レストランを後にした。

イムランはがっかりした。

彼は一目ぼれをしたことがなかったのだ。

Words & Phrases

- **female**「女性、女性の」
- **take one's eyes off of** ～「～から目を離す」
- **be in the middle of** ～「～の最中で」
- **keep looking at** ～「～をずっと見る」
- **focus on** ～「～に集中する」
- **decide to** ～「～することにする、決心する」
- **get up from one's chair**「席から立ち上がる」
- **fall in love at first sight**「一目ぼれをする」

第 2 章

英語思考
リスニング

　「リーディング」の次のステップは「リスニング」です。
この章では、少しずつ英語を聞く量が増えていきます。

　第1章の「リーディング」をしっかり練習すればスムーズ
に「リスニング」に移行できます。今まで少ししか理解で
きなかった人も、この章で練習して、長い英文を理解でき
るようになります。

1 英語が聞こえない本当の理由

　リスニングでも、日本語の語順にとらわれてしまっていることが、スピーディーな理解の妨げになっています。

　リーディングは、目の前に英文があって単語がわかる分、難易度は低いです。でも、リスニングは目ではなく耳による情報処理になるので、チャンクで理解する・しないの前に、きちんと聞き取らないといけない分、難易度が高まります。

　そのため、日本人の生徒さんはリーディングよりも、リスニングに対する苦手意識がはるかに強いです。

リスニングができない理由

　皆さんが英語のリスニングができない理由は、大きく分けて3つあります。

1　英語の語順で英語を処理していないから
2　「聞きながら理解」していないから
3　リエゾンを知らないから

　まずは 1 つ目の理由、「英語の語順で英語を処理していないから」について見てみましょう。

　これまで言ってきた通り、英語の語順で英語の情報処理をしているかどうかは、理解のスピードに大きく影響します。

　短い文であれば、日本語の語順で考えても聞こえるし、理解ができても、長い文となると話は別です。

　英文が長くなればなるほど、情報量は増えます。情報量が増えると、一つひとつの情報を聞き取って理解するのに時間がかかります。そうすると、必然的に「**聞こえた単語からの内容の推測**」、つまり「**推測リスニング**」になってしまうわけです。

　最初に紹介した例で、もう少し詳しく説明します。
I didn't know what to do, so I decided to call my friend and ask for his advice.

　「聞こえた単語から内容の推測」をした場合、「I didn't know」はきっと聞こえて理解できると思いますが、それ以降は「decided」、「call」、「my friend」、「advice」を何となく拾うような聞き方になります。

　「電話をしてアドバイスをもらうことにした」、というのが正解ですが、「電話をして既にアドバイスをもらった」、と勘違いしてしまうかもしれません。または「アドバイスをもらったけど、結局わからなかった」と誤解してしまう可能性もあります。

「推測リスニング」だと、何となくの意味はわかりますが、細部まできちんと理解できないことが多いので、コミュニケーションがきちんと成立しない危険性が出てきてしまうのです。

　英語学習を始めたばかりのうちは「推測リスニング」でもいいのですが、きちんとコミュニケーションを取りたいと思ったり、海外ドラマ、海外映画、海外の動画や、英語でのスピーチなどをきちんと理解できるようになりたいと感じたりするのであれば、「推測リスニング」はやめないといけません。

・「推測リスニング」は癖になっている！

　実際、英語がある程度できる方でも「推測リスニング」が癖になっており、リスニング力が上がらないという方は大変多いです。

　癖になっているものは、ちょっと新しい方法を学んだからと言って、すぐに修正されるわけではありません。中学生の頃から時間をかけてつけてきた癖ですからね。

　その癖を矯正して、英語の語順で英語を理解するという新しい癖をつけ直すために、しっかりとこの本で練習しましょう。

　1つお約束できるのは、古い癖は新しい癖でいくらでも書き換えられる、ということです。

リスニングができない 2 つ目の理由

　リスニングができない 2 つ目の理由は「聞きながら理解していない」からです。あなたがリスニングしている時にどうやって聞いているのか、ちょっと説明しますね。

　例えば、英会話スクールの先生がこう言ったとしましょう。

I didn't know Imran used to play tennis in junior high.

　1 文ならおそらく推測リスニングでもなんとかなりますが、この続きがあったら、どうでしょう？

I didn't know Imran used to play tennis in junior high. I've known him for 10 years, but he never told me. Did you know he played tennis?

　とても推測リスニングでは追いつきませんよね？　こういった長い話になると、ほとんどの方はこんな思考になっているはずです。

I didn't know Imran used to play tennis in junior high.
（イムランが…中学生の頃、テニス…）

I've known him for 10 years,

（あ、ちょっと待って。まだ前の文を思い出している途中なのに！）

Did you know he played tennis?

（え？ここで質問？知ってたかって？何を？とりあえず、Yes って言っておくか！）

あなたの頭の中でも、こんなことが起こっていませんか？要は英文を聞き終わった後に内容を思い出して、それを日本語にして理解しようとしているので、行程がめちゃくちゃ増えて、**聞き取りと理解の間にタイムラグ（時間差）が生まれている**わけです。

・タイムラグも中学校からの癖

中学から英語の勉強を始めた方は、そこから大人になるまでの英語学習で、おおむね１文での「推測リスニング」をするよう教育されてきているはずです。

学校でもだいたいそうだし、英会話スクールでもそう。本屋に置いてある英語学習書やリスニングに特化した本や教材も、１文の聞き取り練習ものが多いです。

中には２文、３文、それ以上のものもありますが、学習者の大半は、１文ものを選んでしまいます。

　2 文以上のものは無意識にハードルが高いと感じているのと、1 文聞けるようになれば、何文でも聞けると勘違いしているからです。

　でも、残念ながら 1 文だけ聞いていると、1 文だけ聞く癖がついてしまいます。つまり、1 文聞いたら集中力を解いて、内容を考える癖がついてしまっているんです。

　リスニング・トレーニングでは、「**聞き終わってから思い出して内容を理解する**」という癖を、「**聞きながら理解する**」という新しい癖に置き換えることを意識しましょう。

　聞きながら理解できるようになれば、どんなに長い文だって、タイムラグなく理解できるようになりますよ。

リスニングができない 3 つ目の理由

　リスニングができない 3 つ目の理由はリエゾン（リンキング）を知らないからです。

　文を見ながら英語を聞くと、たいていの生徒さんは「ネイティブの英語は速くて聞き取れない」、「特に単語と単語の切れ目が聞こえない」、と言います。

単語と単語の切れ目が聞こえないのには理由があります。それは、そもそも単語と単語は切れていないからです。

・すべての言語はつなげて話される

　英語はなんであんなにくっつけて話すんだろう？と思う方も多いでしょうが、実は英語に限らず、全ての言語は単語と単語をくっつけて話します。あなたの話す日本語だってそうでしょ？

　日本語　で　話す　時　に　単語　と　単語　を　離して　話して　いると　こんな　感じ　ですよ。　こんな　風に　話す　人　が　いたら　おかしい　ですよね？　じゃあ　なんで　英語　に　対して　は　単語　と　単語　が　くっついて　いると　そんな　に　違和感　を　持って　しまう　のか。

　それは、**視覚情報と聴覚情報がマッチしていないから**です。

　日本語は、全ての単語をくっつけて書きます。だから日本語の文を見た時の視覚情報と、実際の日本語の発音の聴覚情報はマッチしています。

　一方、英語を書く時は単語と単語を離します。でも、実際の発音では単語と単語はくっついている。視覚情報と聴覚情報が合っていないので、違和感が生まれるわけです。

解決法は、実はとても簡単です。**聴覚情報を優先する**のです。

　聴覚情報のほうが正しいという前提に立つと、英語は簡単に聞こえるようになります。

・ネイティブの英語がぐっと身近になる秘密

　英語の発音には、カタカナ発音、アルファベット発音、ネイティブ発音の３つがあります。

　日本人の英語学習者の頭の中にあるのは、おおむねカタカナ発音か、多少のアルファベット発音です。文字を見るとアルファベット発音が浮かんでしまうはずです。

　しかし、実際にネイティブの口から出るのはネイティブ発音です。

　例えば、音声教材でリスニングをするとしましょう。その時に What did you do last weekend?（先週末、何したの？）という文が流れるとします。

　これをネイティブ発音（私が開発したリアル発音記号 ©）で表記すると、こうなります「waRejudu lAs'wiiken'」。

　大文字の R は日本語のラ行の 80% 引きの音、大文字の A はアメリカ英語特有の A の音です。そして「'」は音が止まるという印です。

このネイティブ発音をカタカナに書き直すと、こうなります。「ワレジュドゥ　ラストゥ　ウィーケン」。細かい音は少し違いますが、だいたいこんな感じです。

　特に最初の部分に注目してください。What did you do が「ワレジュドゥ」という１つの単語であるかのように発音されています。

　これがカタカナ発音・アルファベット発音とネイティブ発音の間の「**発音ギャップ**」です。

　発音ギャップがあるから、音が全部つながっている→単語の切れ目がわからない＝聞こえないという感想を持つわけです。

　でも、「ワレジュドゥ」だとわかっていれば、「What did you do」は聞こえるんです。そりゃそうですよね、目と耳のギャップがなくなるわけですから。

　このように、どういうふうに単語と単語がくっついて発音されるのかがわかると、英語はさらに聞き取りやすくなります。

　リスニング・トレーニングで、もし「発音が頭の中の発音とぜんぜん違う！」と思ったら、日本語のテキストを見た時に、「この部分は、本当は音声教材のほうのこの発音なんだな」と思ってください。

音声の発音を優先していけば、リエゾン（リンキング、つなげて発音される音）で次第に理解できるようになっていきます。

合言葉は「**ネイティブ発音優先**」ですよ！

さてさて、話が英語思考から少し逸れてしまいましたので、戻したいと思います。

リスニング・トレーニングは「英語の語順で聞く」、「ネイティブ発音を意識しながら聞く」、という2つのことを同時にしなくてはいけなくなるので、少しハードルは上がります。

ただ、それはリーディング・トレーニングをやっていれば、ちょうど良いぐらいの、ある意味、心地よい難しさになるはずなので、楽しんでやりましょう。

わからなかったら、「ああ…わからなかった。聞き取れなかった…」ではなく、川平慈英さんのように、「むむむ！　わからなかった！　イムランめ！　今度は絶対に聞き取ってやるぞ、くー！」という感じで行きましょう。

2 リスニング・トレーニングのやり方

① まずは、本書の音声をダウンロードしてください。準備ができたら、トラック1から順番に聞いてください。

② 聞きながら、英語の語順のまま意味をとらえてください。

③ 問題はリーディング・トレーニングと同じです。
英文と日本語訳は34ページからのリーディング・トレーニングのページに戻って確認してください。（本書は、同じ英文をわざとくり返し使うことで、表現や言い回し、英語の構造などが頭に残るように作りました）

④ ナチュラルスピードの音声が流れた後、チャンクごとに区切った音声が流れます。自分に合った難易度で挑戦してみてください。

⑤ ちなみにですが、音声は私が直接吹き込みました。イムランの愛と情熱をぞんぶんに感じてください。

　リーディングで、ある程度「英語思考」は身についてきているはずです。リスニングでも常にチャンクを意識しながらトレーニングをしてくださいね！

第 3 章

英語思考
ライティング

　この章の「ライティング」と第4章の「スピーキング」は
アウトプットです。英語を少ししか話せない人もライティン
グでは結構書けたりします。ハードルの低い「ライティン
グ」をしっかり練習して、次の「スピーキング」の土台を作
りましょう。

1 話すためには書けないといけない

「英語がスラスラ話せるようになる」というのは、英語を勉強している方、全員の目標だと思います。

しかし、たくさん話すためには、たくさん書けるようにならなくてはいけません。「スピーキング」の前に、あるいは「スピーキング」と並行して**「ライティング」をやるかどうかで、上達に雲泥の差が出る**のです。

なぜかというと、ライティングはスピーキングと同様、アウトプットの作業なのですが、ライティングのほうがハードルが低いからです。

スピーキングの場合、目の前に話し相手がいるので、緊張しますし、時間制限があるように感じるため、早く話さないといけないから、焦ってしまいます。

でも、ライティングだとどうでしょう？ 目の前に誰もいないし、時間制限もない。だから、余裕を持ってアウトプットの練習ができるというわけです。

同じ理由から、ライティングのほうがアウトプットする情報量は多くなります。

　同じ内容をアウトプットしようとすると、スピーキングの場合は量が圧倒的に減りますし、いつもの力の 2 ～ 3 割程度しか発揮できていないはずです。

　こういう経験はありませんか？　外国人に道を聞かれます。がんばって道を教えてあげました。後になってから「あそこで、こう言えばよかった。なんで出てこなかったんだろう。」
　これは、スピーキングの実践の場では、なかなか本来の力が出ない、とても良い例です。

　これを克服するためには、もちろん場慣れも必要なのですが、それ以前に、緊張しない場面で今よりも多く英語をアウトプットできる（書ける）ようにならないといけません。

　もし、今何かを聞かれて、10 文程度書けるとしても、実践では 2 ～ 3 文程度しか出てきません。5 文しか書けないのであれば、1 文出るかどうかも怪しいです。それ以下なら、相手に相当待ってもらわないといけません。

　そのため、ライティングでは今よりも多く、そして今よりも早く英語が書けるようにトレーニングをしなければなりません。

　ライティング・トレーニングでは、英文の正確性はさておき、それ以上に英文を作る「速さ」を意識してください。

例えば、最初は10問終わるのに10分かかっていたのが、今では3分でできる、といった具合にです。

　実際のコミュニケーションでは、正確性も大事ですが、実はスピードのほうがはるかに重要です。

　想像してみてください。あなたの前に2人の外国人がいます。Aさんは文法を少し間違えたりするけど、普通のスピードで話している。もう1人のBさんは文法を一切間違えないのですが、話すスピードがものすごく遅い。コミュニケーションとして成立するのは、どちらでしょうか？

　外国人があなたと話す時に求めているのは、**正確性ではなくて、円滑なコミュニケーション**なんです。

　だから、このライティング・トレーニングでは、正確性よりもスピードを重んじます。トレーニングをくり返しながら、英作文にかかった時間を確認してみてください。

　きっと嬉しい結果が出ますよ！

2　ライティング・トレーニングのやり方

① 次のページからは、日本語だけが書いてあるページが続きます。それを見ながら、できるだけすばやく英文を書いてみてください。

② 答えの英文は、ページの下部に記載してあるページに戻って確認してください。（本書は、同じ英文をあえてくり返し使っています）

※ 英文は日本語の下のスペースに直接書き込んでも良いですが、この日本語は、最後のスピーキング・トレーニングに使うので、ページのコピーをとってくり返し使うことをおすすめします。

　くり返しますが、正確性よりも、スピードですよ！！

　まずは文法は考えずにとにかくスピーディーに、会話をしているような感覚でどんどん書きすすめてみましょう。辞書を使ったりなんて、もってのほかです！

　では、準備ができたらスタートしてください。

1 カンタンなやりとり
～質問～

1 仕事は何をしているんですか?

2 趣味は何ですか?

3 週末は何をしているんですか?

4 どこに住んでいるんですか?

5 出身はどこですか?

6 今どこですか?

7 誰と一緒に住んでいるんですか?

8 いつここに来ているんですか?

9 なぜそこに行っているんですか?

10 いくらですか?

英語は 34 〜 35 ページで確認!

2 カンタンなやりとり

～回答～

1. 英語の先生です。

2. ヨガをやっています。

3. Tik Tok を観るのが好きです。

4. 麻布十番に住んでいます。

5. 北海道出身です。

6　今、渋谷です。

7　両親と一緒に住んでいます。

8　毎日来ています。

9　買い物のために行っています。

10　2000 円です。

英語は 38 ～ 39 ページで確認！

3 動作系の動詞

～過去形～

1 | 高校の友達に会いに京都に行きました。

2 | 昨日、渋谷の新しい映画館に行きました。

3 | 高校の友達と渋谷で映画を観ました。

4 | 高校の友達と新潟でサッカーを観ました。

5 | 神楽坂のイタリアン・レストランで上司と夕食を食べました。

| 6 | 六本木の和食屋で同僚とランチをしました。 |

| 7 | 日の出を見るために今朝早く起きました。 |

| 8 | 友達とバード・ウォッチングに行くために今朝は早く起きました。 |

| 9 | 朝 4 時に友達に電話をかけました。 |

| 10 | 昨晩、彼氏に駅で会いました。 |

英語は 42 ～ 43 ページで確認！

4 思考系の動詞
～過去形～

1 風邪をひいたと思っていました。

2 以前はイムランの本は一字一句覚えていました。

3 私、昔は忘れっぽかったんです。

4 タリーズよりスタバのほうが好きでした。

5 昔は映画を観るのが大好きでした。

6　イムランは来ないと思っていたんですが。

7　彼は犬が好きだって言っていたのを覚えていました。

8　重要な事を言うのを忘れていました。

9　前の髪型のほうが好きでした。

10　以前は外食するのが大好きでした。

英語は 46 〜 47 ページで確認！

4

思考系の動詞

5 動作系の動詞
～現在形～

1 高校の友達に会いに毎月、京都に行っています。

2 ほぼ毎週、渋谷の新しい映画館に行っています。

3 高校の友達と毎週、映画を観ています。

4 隔月、高校の友達と新潟でサッカーの試合を観ています。

5 ほぼ毎日、神楽坂のイタリアン・レストランで上司と夕食を食べます。

6　ほぼ毎日、六本木の和食屋で同僚とランチを食べています。

7　毎朝、日の出を見るために早く起きています。

8　友達とバード・ウォッチングに行くために毎朝早く起きています。

9　毎朝 4 時に友達に電話をかけています。

10　毎晩、彼氏と駅で落ち合っています。

英語は 50 〜 51 ページで確認！

6 思考系の動詞
～現在形～

1 風邪をひいたと思います。

2 イムランの本は一字一句覚えています。

3 私は忘れっぽいです。

4 タリーズよりスタバのほうが好きです。

5 映画を観るのが大好きです。

6 イムランは来ないと思います。

7 彼は犬が好きって言っていたのを覚えています。

8 重要な事を言うのを忘れていました。

9 その新しい髪型、すてきですね。

10 外食するのが大好きです。

英語は 54 ～ 55 ページで確認！

7 動作系・情報量アップ！
~過去形~

1　高校の友達に会いに京都に行きました、なぜかと言うと、最後に彼らに会ったのは 10 年前だったからです。

2　昨日は渋谷の新しい映画館に行きました、なぜかと言うと、トム・クルーズが出ている新しい映画を観たかったからです。

3　渋谷で高校の友達と映画を観ましたが、そんなに良い映画ではなかったので、他の映画を観ることにしました。

4　高校の友達と新潟でサッカーの試合を観ました、なぜかと言うと、高校の友達の一人が地元のチームに入っていたからです。

5　神楽坂のイタリアン・レストランで上司と夕食を食べました、なぜかと言うと、その日は私の誕生日だったからで、そしてたくさん食べました。

6　六本木の和食屋で同僚とランチを食べましたが、その
　　レストランは和風のトッピングを載せたパスタとピザ
　　ばかりを出してきました。

7　今朝は日の出を見るために早く起きました、なぜかと言う
　　と、いつも遅くに起きるので、ほぼ太陽を見ないからです。

8　今朝は友達とバード・ウォッチングをするために早く起
　　きました、なぜかと言うと、私の親友は鳥が大好きで、
　　とても良いスポットを見つけたからです。

9　朝 4 時に友人に電話をしました、なぜかと言うと、沖縄
　　旅行の話をしたかったからです。

10　昨晩、彼氏と駅で会いました、なぜかと言うと、彼に
　　プレゼントを渡したかったからです。

英語は 58 ～ 60 ページで確認！

8 思考系・情報量アップ！

～過去形～

1. 彼女は英語の先生かと思っていたのですが、実はフランス語の先生でした。

2. クッキーが好きって言っていたのを思い出したので、少しあなたにも作ってきました。

3. 昔は人の名前はすぐに忘れてしまっていましたが、人の顔はしっかりと覚えていました。

4. あの映画はエンディングがすごく良かったから、前はすごく好きだったんですけど、始まり方はあまり好きではありませんでした。

5. 以前は、土曜日は家にいて、Hulu を観るのが大好きでした、なぜかと言うと、次の日は仕事がなかったからです。

6 彼女は帰ったと思っていました、なぜかと言うと、体調が悪いと言っていたのと、昨夜からの二日酔いがまだ残っていると私に言っていたからです。

7 彼女のお姉さんの名前は思い出したんですが、彼女の名前は思い出せません、なぜかと言うと、名前を教えてもらった時、彼女はすごく酔っ払っていて、なんて言っているかわからなかったからです。

8 以前は、酔っ払うと何も覚えていなかったので、次の日に何があったかをいつも友達に聞かなければいけませんでした。

9 以前は、彼の新しい革靴はかっこいいと思っていましたが、彼の新しい革ジャンはいつも変だなと思っていました。

10 私は特に小説が好きでしたが、マンガも読んでいました、（そのマンガが）子供っぽすぎなければ。

英語は 64 〜 66 ページで確認！

9 動作系・情報量アップ！

〜現在形〜

1. 高校の友達に会いに（最近）毎月京都に行っています、なぜかと言うと、彼らに会うのは 10 年に一度くらいしかないからです。

2. 毎週、渋谷の新しい映画館に行っています、なぜかと言うと、できるだけ新しい映画を観たいからです。

3. 高校の友達と毎週映画を観ていますが、そんなに良い映画ではないので、映画の後はたいていボーリングに行きます。

4. 高校の友達と新潟でサッカーの試合を観ます、なぜかと言うと、高校の友達の 1 人が地元のチームでプレーしているからです。

5. 毎年、私の誕生日に神楽坂のイタリアン・レストランで上司と夕食を食べます、そしてたいていたくさん食べます。

6　六本木の和食屋で同僚とランチを食べるんですが、そのレストランは和風のトッピングを載せたパスタとピザばかりを出すんです。

7　毎朝、日の出を見るために早く起きます、なぜかと言うと、太陽からたくさんのエネルギーをもらうからです。

8　友達とバード・ウォッチングに行くために毎朝早く起きています、なぜかと言うと、私の親友は鳥が大好きで、とても良いスポットを見つけたからです。

9　毎朝、友人のお腹を殴ります、なぜかと言うと、彼が私の財布を盗んだことを知ったからです。

10　毎晩、彼氏の足を蹴ります、なぜかと言うと、毎日私が知らない女の子と話をしているからです。

英語は 70 〜 72 ページで確認！

9　動作系・情報量アップ！

10 思考系・情報量アップ！
～現在形～

1 彼女は英語がとても上手だと思うので、彼女に英語を教えてもらおうと思っています。

2 クッキーが好きって言っていたのを覚えていたので、少しあなたにも作ってきました。

3 人の名前はすぐに忘れてしまうんですが、人の顔はしっかりと覚えています。

4 あの映画はエンディングがすごく良いから好きなのですが、始まり方はあまり好きではありません。

5 土曜日は家にいて、Hulu を観るのが大好きなんです、なぜかと言うと、次の日は仕事がないからです。

6　彼女は帰ったと思います、なぜかと言うと、体調が悪く、そして昨夜からの二日酔いがまだ残っていると私に言ったからです。

7　彼女のお姉さんの名前は覚えているんですが、彼女の名前は覚えていません、なぜかと言うと、彼女に名前を教えてもらった時、彼女はすごく酔っ払っていて、彼女が何て言っているかわからなかったからです。

8　酔っ払うと何も覚えていないので、次の日に何があったかをいつも友達に聞いています。

9　彼の新しい革靴はかっこいいと思うんですが、彼の新しい革ジャンは変だと思います。

10　私は特に小説が好きですが、マンガも読みます、（そのマンガが）子供っぽすぎなければ。

英語は 76 〜 78 ページで確認！

10
思考系・情報量アップ！

11 be going to

これから～します

---

1. 夕食はたくさん食べます、なぜかと言うと、今日は昼食を食べなかったからです。

---

2. 友達の誕生日パーティーに行くのですが、彼にプレゼントを買いませんでした。

---

3. 明日、食べ放題のお店に行くので、今日はジョギングをします。

---

4. 家に帰ったらご飯を作って、長風呂をします。

---

5. 明日はドレスを買いに行きます、なぜかと言うと、友人のパーティーに招待されたからです。

6　友達と遊びに行くのに、金欠なのでお金を借りないといけないのですが、彼らに何と言えばいいかわかりません。

7　数ヶ月後に結婚式を挙げるので、やせないといけません。

8　オフィスに残って、プレゼンの準備を終わらせます。

9　歯医者に行きます、なぜかと言うと、親知らずが痛いからです。

10　彼氏のために晩ご飯を作るのですが、あまり料理が得意ではないので、とても心配です。

英語は 82 〜 84 ページで確認！

12 be not going to

これから〜しません

---

1 今夜は晩ご飯を食べません、なぜかと言うと、お昼ご飯を遅めに食べたからです。

---

2 イムランの誕生日パーティーには行きませんが、プレゼントは買ったので、彼は怒らないと思います。

---

3 数ヶ月間は買い物に行きません、ハワイ旅行のお金を貯めるために。

---

4 今月は禁酒と禁煙をして、できるだけ健康でいるようにします。

---

5 今日は料理をしません、なぜかと言うと、仕事で疲れすぎていて、疲れている時の料理はだいたいおいしくないからです。

---

6 彼女が誰のことを好きかは教えられないけど、その人が何歳かは教えてあげられるよ。

7 もう揚げ物は食べません、そうすればコレステロール値を下げることができるから。

8 今年のハロウィンは仮装もしないし、パーティーにも行きません、なぜかと言うと、道が混んでいて、どこに行くのも大変だからです。

12

be not going to

9 今日は出かけません、なぜかと言うと、風邪をひきそうな気がするんですが、今は風邪をひいている余裕はないからです。

10 今月は実家に帰らないのですが、代わりに電話をかけて、プレゼントも送ろうかなと思ってます。

英語は 88 〜 90 ページで確認！

13 might

するかもしれません

---

1 明日、仕事に行くかもしれません、なぜかと言うと、まだ終わらせないといけない事がいくつかあるからです。

---

2 今晩、彼女に会うかもしれないけど、そうじゃなかったら遊びに行って、朝まではじけましょう。

---

3 その映画は今週末、観に行くかもしれないから、友達と観に行ってきてもよいよ。

---

4 一度家に帰って、犬の様子を見るかもしれません、なぜかと言うと、暗くなる前に帰らないと家の中をめちゃくちゃにすることがあるんです。

---

5 彼氏と別れるかもしれません、なぜかと言うと、彼が浮気をしたからです。

6　このシャツは人にあげるかもしれないけど、欲しかったら、あげるよ。

7　ランチを食べに出かけるかもしれないから、何か欲しかったら、電話してね。

8　仕事を辞めてイタリアに帰るかもしれませんが、航空券が買えるように貯金しないといけません。

13
might

9　今日、早退するかもしれません、なぜかと言うと、頭が痛いのと、頭が痛いと仕事ができないからです。

10　今夜、晩ご飯を作るかもしれないけど、期待しないでね、なぜかと言うと、本当に料理下手だから。

英語は 94 ～ 96 ページで確認！

14 might not

しないかもしれません

1 今夜は家に帰らないかもしれません、なぜかと言うと、仕事が忙しいからです。

2 今晩はディナーに行けないかもしれないけど、私抜きで楽しんでね。

3 朝ごはんを食べないかもしれないので、明日は起こさないでね。

4 ヨガレッスンには行かずに、代わりにランニングに行くかもしれません。

5 彼には会わないかもしれません、なぜかと言うと、彼に会うと口論になるのはわかっているので。

6　時間通りには行けないかもしれないけど、絶対行くね。

7　電話に出ないかもしれませんが、出なくても怒らないでくださいね。

8　もう彼女とは話さないかもしれません、なぜかと言うと、彼女の私に対する話し方（態度）が嫌だったからです。

9　パーティーには行かないかもしれません、なぜかと言うと、私の元カノが行くのですが、彼女には本当に会いたくないからです。

10　これ全部食べきれないかもしれないのですが、もし可能であれば少し持って帰りたいです。

14
might not

英語は 100 ～ 102 ページで確認！

225

15 have to

しなければなりません

---

1. 息子を学校まで迎えに行かないといけません、なぜかと言うと、妻がハワイに旅行中だからです。

---

2. 先に宿題を終わらせないといけません、そうしたら外に行って友達とサッカーができるんです。

---

3. 急いで家に帰って、シャワーを浴びて、義母の誕生日ディナーに行く準備をしないといけません。

---

4. 仕事に行かないといけないのですが、ベッドから出られません、なぜかと言うと、朝の 3 時までユーチューブを観ていたからです。

---

5. 家に歩いて帰らないといけません、なぜかと言うと、電車が止まってしまったからです、でも歩くのが嫌いなので、タクシーに乗って帰ろうと思っています。

---

6 髪を切らないといけません、なぜかと言うと、来週面接があるんですが、面接には清潔感があるように見えたほうが良いと思うからです。

7 今日、郵便局に行って、親友の誕生日に荷物を送らないといけません。

8 もうすぐ重要なミーティングに行かないといけないのですが、頭痛で頭がズキズキします。

9 ビーガン・レストランを探さないといけません、なぜかと言うと、友人がお肉、乳製品、そしてシーフードを一切食べないんです。

10 今日、家の掃除をしないといけません、そうしたら母が今晩家に来た時に怒らないので。

15
have to

英語は 104 ～ 106 ページで確認！

16 don't have to
しなくてもいいです

1 僕が息子を学校に迎えに行かなくても大丈夫です、なぜかと言うと、妻が旅行から帰ってきたからです。

2 今日は宿題を全部終わらせなくても大丈夫です、なぜかと言うと、母が家にいないのでチェックされないからです。

3 家に急いで帰って義母の誕生日パーティーの準備しなくてもよくなりました、なぜかと言うと、スタート時間が遅くなったので、ゆっくり準備しようと思います。

4 3日間、料理しなくても大丈夫です、なぜかと言うと、夫が出張に行っているんです。

5 今日は仕事に行かなくてもよいのですが、午後4時にZoom ミーティングに参加しないといけません。

6 美容院に髪を切ってもらいに行かなくても大丈夫です、なぜかと言うと、友達が髪を切ってくれるからです。

7 私は今日、犬の散歩とゴミ出しをやらなくても大丈夫です、なぜかと言うと、娘が代わりにやってくれるからです。

8 私は大事なミーティングに行かなくても大丈夫です、なぜかと言うと、私の代わりに上司が行くので、私はお昼休憩をとります。

16
don't have to

9 明日は早起きして、息子のお弁当を作らなくても大丈夫です、なぜかと言うと、今日作ったからです。

10 今日は掃除をしなくてもいいのですが、晩ご飯を作るために食料品を買いに行かないといけません。

英語は 110 ～ 112 ページで確認！

17 might have to

しなければいけないかもしれません

1 　車を移動しないといけないかもしれません、なぜかと言うと、駐車場が 2 時間までなので。

2 　今日は会社に車で行かないといけないかもしれないので、念のためにメガネを持って行きます。

3 　明日は残業しないといけないかもしれないのですが、すごく大事なディナーに行かないといけないんです。

4 　明日は学校にタクシーで行かないといけないかもしれません、なぜかと言うと、バス会社がストを起こしているんです。

5 　友達に 1 万円払わないといけないかもしれません、なぜかと言うと、彼女の新しい白いシャツにコーヒーをこぼしてしまったからです。

6　娘を外に連れて行ってあやさないといけないかもしれ
　　ません、そうすれば泣き止むので。

7　週末は祖母のところに行って、80才の誕生日を祝わな
　　いといけないかもしれません。

8　12月に友達の結婚式に行かないといけないかもしれな
　　いのですが、お金に余裕がありません。

9　急いでスーパーに行かないといけないかもしれません、
　　なぜかと言うと、ビールが足りなくなるかもしれないから
　　です。

10　ガソリンを補充するためにガソリンスタンドに寄らないと
　　いけないかもしれません、目的地に行く途中でガス欠に
　　ならないように。

英語は 116 〜 118 ページで確認！

18 might not have to

しなくてよいかもしれせん

1. 車を動かさなくてよいかもしれません、なぜかと言うと、係の人がそんなに頻繁にチェックしに来ないので。

2. 今日は仕事に車で行かなくてよいかもしれないので、コンタクトをつけて行きます。

3. 明日、残業しなくてもよいかもしれないのですが、友達には夕食に遅れると伝えてしまいました。

4. 明日は学校までタクシーで行かなくてもよいかもしれません、なぜかと言うと、バス会社のストが終わったんです。

5. 友達に1万円払わなくてよいかもしれません、なぜかと言うと、彼女の新しい白いシャツについたコーヒーのシミが取れたので。

6 今日は家事をやらなくてよいかもしれません、なぜか
と言うと、夫がやってくれると言っていたので。

7 週末に祖母の家に行って、80 才の誕生日をお祝いしな
くてもよいかもしれません。

8 12 月に友達の結婚式に行かなくてよいかもしれないの
ですが、実は行きたかったんです。

18
might not have to

9 スーパーに行かなくてもよいかもしれません、なぜかと
言うと、ビールが足りているかもしれないので。

10 今日はクライアントのオフィスに行かなくてよいかもしれ
ないので、カジュアルな服装で出社します。

英語は 122 ～ 124 ページで確認！

19 be planning to
する予定です

1 友達と映画を観る予定なのですが、実はこの映画はもう観てしまったんです。

2 今晩、花を買うつもりです、なぜかと言うと、明日は妻の誕生日なんです。

3 今晩、料理をする予定なので、何か良いアイディアをもらえませんか？

4 梅雨に備えてレインブーツを買いに行く予定です。

5 ラスベガスにショーを観に行く予定なのですが、チケットが買えるかどうかわかりません。

6　あのピザ屋さんでランチを食べる予定です、なぜかと言うと、あそこのおすすめランチがすごく安いからです。

7　今晩イムランに会う予定なので、あなたの代わりに彼にファイルを渡しておきますよ。

8　今日は 1 日中家にいて、来週のお弁当の分を用意して作るつもりです。

9　父の日にプレゼントを買おうと思っているんですが、父はすごいこだわりを持っているタイプなので、何を買ったら良いか見当もつきません。

10　母を箱根の温泉に連れて行くつもりです、なぜかと言うと、母は疲れていて、休む必要があるからです。

英語は 128 ～ 130 ページで確認！

19
be planning to

20 be thinking about
しようと思っています

1 お台場に引っ越そうと思っています、なぜかと言うと、お台場には高層マンションがたくさんあって、ぜひ、高層に住んでみたいからです。

2 11月に仕事を辞めようと思っています、そうしたら1ヶ月間、丸々休暇が取れます。

3 ジムに行こうと思っていますが、どのジムが良いのかわかりません。

4 キックボクシングと水泳のレッスンに申し込もうと思っているのですが、通い続けられるかどうかわかりません。

5 高校の同窓会を企画しようと思っています、なぜかと言うと、もう卒業から10年経っているからです。

6　友達にお土産を買おうと思っているので、何か良いスイーツをおすすめしてもらえませんか？

7　髪を切ろうと思っているのですが、髪を濃いめに染めたほうが良いか、もう一度ブロンドにしたほうが良いかわかりません。

8　今夜お気に入りのレストランに行って、食べたくてしようがない食べ物を全部注文しようと思っています。

9　このパンツを買おうと思っています、なぜかと言うと、このパンツで足が長くてスリムに見えるからです。

10　ハロウィン・イベントをやろうと思っているので、あなたの友達に来れるかどうか聞いてもらえますか？

20

be thinking about

英語は 134 ～ 136 ページで確認！

21 be supposed to

することになっています

1 妹を空港でひろうことになっているのですが、少し熱が
あるので、弟に代わりに行ってもらうかもしれません。

2 家を4時に出ることになっているのですが、たぶんでき
ないと思います、なぜかと言うと、まだ荷物を受け取っ
ていないからです。

3 乳製品はすべて避けるように言われています、なぜかと
言うと、乳製品を食べたり飲んだりするとひどい腹痛に
なるからです。

4 今日は給料が支払われることになっているので、もし明
日空いていれば、すてきなディナーをご馳走しますよ。

5 明日は、庭の芝生を刈ることになっています、なぜかと
言うと、母にそうすると約束したからです。

6　持ち寄りパーティー用にケーキを焼かないといけないので、作るのを手伝ってもらえませんか？

7　今夜は私が運転する予定なんですが、ワインを一杯飲んでしまったので、もう今夜は運転しないほうが良いと思います。

8　これらの DVD を返却して、コンビニで牛乳とチーズを買わないといけないんですが、私は怠け者なんです。

9　午後に姉の息子の面倒を見ることになっているんです、なぜかと言うと、姉が結婚式に出席するからです。

10　洗濯をしないといけないのですが、今ちょうど洗剤が切れたので、買いに行かないといけません。

21

be supposed to

英語は 140 〜 142 ページで確認！

22 have ＋過去分詞
したことがあります

1. イタリアには何度も行ったことがありますが、そこで日本人を見たことはありません。

2. 北海道にはもう 5 回行っているので、今年は他のところに行きたいです。

3. あのレストランには行ったことがありますが、サービスは最低で、食事はしょっぱすぎました。

4. 彼氏とスペインに行ったことがあります、でも、旅行のことを何も覚えていません。

5. 韓国と香港には行ったことがあるので、今年の夏はマレーシアとベトナムに行きたいです。

6 社交ダンスをやったことがありますが、ヒップホップ
とジャズのほうが好きです。

7 ワニの肉を食べてみたことがあって、すごくおいしかっ
たので、ぜひ試してみてください。

8 彼女と話そうとしたことはありますが、とにかく僕の言
うことを聞いてくれません。

9 あのバーに行ったことがあります、なぜかと言うと、同
僚のおすすめだったから、でもすごく高かったです。

10 この映画を観ようとしたことはありますが、すごくつまら
なかったので、30 分で寝ちゃいました。

英語は 146 〜 148 ページで確認！

Track 23

23 have never + 過去分詞

一度も～したことがありません

1　中東に行ったことはありません、なぜかと言うと、辛い料理があまり好きではないのと、旅行は楽しむことができないと思うからです、地元の食事が好きでなければ。

2　北海道には行ったことがないので、今年の冬は札幌旅行を予定しています。

3　あのレストランには行ったことはありませんが、私の同僚があそこのチーズバーガーをすごくおすすめしていますよ。

4　ヨーロッパと中東には行ったことはありませんが、来月行くために2週間、会社を休みます。

5　タイには行ったことがありません、なぜかと言うと、辛い食事はそれほど好きではないからです。

6　社交ダンスをやったことがないので、来週の初回レッスンに申し込みました。

7　ウニを食べたことがありません、なぜかと言うと、見た目が変だからというのと、生のシーフードがあまり好きではないからです。

23
have never ＋ 過去分詞

8　彼女と話そうとしたことはありません、なぜかと言うと、彼女は意地悪で傲慢そうだからです。

9　あのバーには行ったことはありませんが、ずっと前から行きたいと思っていました。

10　バンジージャンプをやったことがありません、なぜかと言うと、高い所が怖いからです。

英語は 152 〜 154 ページで確認！

24 have been + 動詞 + ing

ある期間〜しています

1 私は東京に 10 年住んでいますが、あまり詳しくはありません。

2 1 年間、1 日残らず揚げ物を食べていますが、まったく体重が増えていません。

3 イムランの英語の本を何年も読んでいるので、英語がかなり上達しました。

4 この会社に 20 年以上勤めています、なぜかと言うと、給料が良く、やりがいのある仕事ができるからです。

5 親友に会えるのを楽しみにしています、なぜかと言うと、もう 3 年も彼女に会っていないからです。

6　このプロジェクトを 3 ヶ月間やっています、そしてクライアントは今のところ満足そうです。

7　ここ 3 ヶ月間、トレーニング・コースを受講していて、お腹が割れて（シックスパックになって）きました。

8　2 年間、髪を伸ばしています、なので、結婚式で好きなように髪をアレンジできます。

9　ここ 30 分、ずっと鍵を探しているんですが、見つかりません。

10　この洗顔クリームを 2 週間使っていますが、肌のシワとシミが減りました。

英語は 158 〜 160 ページで確認！

24

have been + 動詞 + ing

Track 25 ～ 26

Imran's Sunday

イムランの日曜日

イムランは昨日、朝 7 時に目が覚めました。

彼はシャワーを浴びて、着替えました。

彼は普段、朝食を食べる前にシャワーを浴びます。

彼の普段の朝食は、パン 1 枚とコーヒー 1 杯です。

彼はたまにファストフード・レストランで朝食を食べますが、
それは時間がない時だけです。

昨日はパン 2 枚とコーヒー 2 杯でした。

その後、午前 8:30 頃にオフィスに行きました。

彼は午前 9:00 にオフィスに着きましたが、誰もオフィスにいないことに気がつきました。

どちらにせよ、彼は仕事を始めましたが、2 時間後に日曜日だということに気がつきました。

英語は 164 〜 165 ページで確認！

25

Imran's Sunday

26 Imran VS Chocolate Milk
イムラン対チョコレートミルク

イムランはのどが渇いていた。

彼はキッチンへ行き、冷蔵庫を開けた。

彼は冷蔵庫から牛乳を出した。

彼は牛乳の瓶をカウンターに置いた。

彼はキッチンの戸棚を開けて、グラスを取り出した。

彼はグラスをカウンターの牛乳の隣に置いた。

彼はグラスに牛乳を注いだ。

彼は牛乳を冷蔵庫に戻した。

彼はチョコレート・シロップを冷蔵庫から出した。

彼はチョコレート・シロップを牛乳に注いだ。

彼はスプーンで牛乳を混ぜた。

彼はスプーンをなめた。

英語は 168 ～ 169 ページで確認！

Imran's Favorite Food

イムランの大好物

イムランの好物はパスタです。

彼はパスタをいくら食べても食べ足りません。

毎日、昼食と夕食にパスタを食べています。

彼は朝食はだいたい抜きます。なぜかと言うと、1日にパスタ2食で1日の必要摂取カロリーがちょうど良いと思っているからです。

もし彼が1日に3回パスタを食べたら、間違いなく体重が増えます。

彼のお気に入りのパスタ・レストランは麻布十番にあります。

そこは様々な種類のパスタがあります。

普通のパスタ、短いパスタ、超長いパスタ、くるくるパスタ、平べったいパスタ、そして想像し得るあらゆる種類のパスタがあります。

彼はあまりにもパスタが好きなので、パスタが夢に出てくることもあります。

彼は一度、パスタのプールで溺れる夢を見ました。

それほど好きな食べ物って何かありますか？

英語は 172 ～ 173 ページで確認！

28 Imran's Crush

イムランの一目ぼれ

イムランがマリアに会ったのは銀座のイタリアン・レストランだった。

イムランはビジネス・ミーティングでそこに来ていて、マリアは女友達と来ていた。

マリアはあまりにも美しかったので、イムランは彼女から目を離すことができなかった。

イムランはディスカッションの最中だったが、ミーティングの間、何度も彼女を見た。

彼はミーティングにまったく集中できなかった。

最終的に、イムランは彼女のテーブルに行って、彼女と話そうとした。

しかし、彼が席から立ち上がろうとした時に、マリアと彼女の友達は立ち上がり、レストランを後にした。

イムランはがっかりした。

彼は一目ぼれをしたことがなかったのだ。

28

Imran's Crush

英語は 176 〜 177 ページで確認！

第4章

英語思考スピーキング

　第3章の「ライティング」で培った、「英語の語順で文を作る力」を「スピーキング」の練習に活かしましょう。第3章の「1 カンタンなやりとり」から再度、日本語を見ながら英語に直して「スピーキング」の練習をしましょう。

　同じ文を繰り返し練習することで、英語をスムーズに話す力が次第に身につきます。

1　相手とつながるためのスピーキング

いよいよ、英語学習最後の砦、スピーキングです。

スピーキングで一番やってはいけないのが、相手の質問に「ただ答えるだけ」というスタイルのコミュニケーションです。

ただ答えるというのは、例えば「趣味はありますか？」と聞かれて、「はい、あります。」とだけ答えて、会話を終わらせてしまうことです。

きちんとコミュニケーションを成立させたいのであれば、最低限「はい、あります。週1回ヨガをやっています。」と言いたいですよね。

あなたも日本語ではきっとこのように答えているんでしょうが、英語となると、「Yes.」とか「No.」、「Not really.」で会話を終えてしまう人がほとんどです。

英語を話すとなると急に言葉数が減り、必要最低限の単語で簡潔に済まそうとしてしまう方があまりにも多いのです。

でも、コミュニケーションというのは、説明してなんぼです。会話というのは、ほとんどの場合、話している相手との情報や感情、気持ちの共有が最終的な目的だからです。

　だから、簡潔に済ませるのではなく、相手がきちんと理解できるように説明しなければいけません。

　本書では、それをSVAA、つまり、情報を追加することで、相手に説明してあげる技を練習してきました。

　そろそろ、トレーニングを通してSVAAが身体に染み込んできている頃だと思います。

　最後は話す時と同じような形でSVAAを英語で言うトレーニングをして、英語思考トレーニングを修了しましょう。

　本書では他の英語表現集のような一言で終わる決まり文句などは使っていません。

　なぜなら、あなたにはそろそろ本質的なコミュニケーション、**きちんと説明をするというコミュニケーション**をとってもらいたいからです。

　そして最後に一言。

　本書では最初から、英語で思考する癖をつけてもらうための本だということをくり返しお伝えしています。

　トレーニング自体は日本語を英語にするという作業でしたが、チャンクによってネイティブ的なとらえ方をする訓練を続けてきたので、もうそろそろ、文字をイメージ化して、それを英語にするような感覚に変わってきているのではないでしょうか。

よく、私も含め、バイリンガルの友人は日本人に「英語と日本語、どちらで考えているんですか？」と聞かれます。

　僕らはみんな同じように「**言語ではなく、イメージで考えています**」と答えます。

　実際、あなたもそうだと思います。
　「先週、ディズニーランドに遊びに行って、すごく楽しかった！」と言う話をする時に、文字ではなく、ディズニーランドに行った映像、イメージ、概念を思い浮かべながら話しているはずです。

　本書では最初から最後まで同じような英文を使ってきました。同じ文で繰り返しトレーニングをすることでイメージ化がしやすくなるからです。

　なので、トレーニングを始めた時は文字にとらわれていた方も、このスピーキング・トレーニングの段階では文を「イメージ」して、それを英語にできるようになることを目指してほしいと思います。

　まだ完璧にはできないかもしれないけれど、始める前よりも思考が英語寄りに変わりつつある自分自身を感じながら、スピーキング・トレーニングを進めてください！

2　スピーキング・トレーニングのやり方

① 198 ページに戻り、日本語を見ながらすぐに英語に直して、スピーキングしてみましょう。

② 答えは、各ページの右下に書いてあるページに戻ってチェックしてください。

　以上！

　ここまでトレーニングしてきたあなたには、もう何も注意することはありません。とにかく、チャンクと SVAA を意識しながらどんどん練習してください！

Enjoy English!

おわりに

　読破お疲れ様でした。きっとこの「おわりに」を読んでいる方の７割が、トレーニングをまだちゃんとやっていないと思います。２割はちゃんとやったと思います。

　あとの１割は本を買うかどうか迷っていて、「はじめに」と「おわりに」を読んで良い本かどうか判断しようという人ですね。

　でもね、「はじめに」と「おわりに」って一番最後に書くことが多いし、本編を書いて結構経ってから書くことが多いから、あまり参考にならないんですよ。

　さて、あとの９割のうちの７割の皆さ～ん。大まかな流れはわかりましたね。あとは、最初に戻ってトレーニングをちゃんとやりましょう。**ちゃんとやれば、必ず英語思考はできるようになります。**

　もうわかっていると思いますけど、英語思考ができるようになれば、TOEIC® のリーディングも速くなるし、リスニングも速くなります。ライティングのテストも速くなるし、スピーキングでもしっかりと順を追って話せるようになります。

　残りの２割の方は、実際にトレーニングをしてみて、英語思考ができるようになった実感が多少なりともあると思います。

あとは**英語の語順で考える**というこの新しい癖を活用すれば、今後は英語思考がさらに定着していきます。その先にある可能性を想像しながら、この先もがんばってください。

　「はじめに」でも言いましたが、英語がわかるようになると、生活のあらゆる面で可能性が広がります。例えば、旅行。

　面白い出会いがあるかもしれないし、レストランのマネージャーと意気投合して、サービスしてもらえるかもしれません。お土産屋さんでただ黙々とお土産を選ぶだけではなく、色々と必要のない説明までされて、楽しい時間を過ごせるかもしれません。

　ちょっと得するとか、そういうことを言っているんじゃなくて、コミュニケーションが一気に変わるんです。

　僕はもうずーっと東京砂漠に住んでいますが、だからこそ「コミュニケーション」というものに敏感です。
　「コミュニケーションの質」がダイレクトに「生活の質」を変えることは身をもって理解しています。

　特に今後は東京に限らず、地方でも外国人が増えていきます。

　島根県には外国人が絶賛する足立美術館もありますし、佐賀県はタイやフィリピンの映画撮影誘致などを行っています。他の県も同様に、外国人旅行客を呼び込むために色々な施策を打っていますよね。

これからは海外に行かなくても、日本国内で英語を使う機会、外国人と接する機会が増えてくるわけです。

　だから、旅行はもちろん、日本にいる時でさえ、英語が話せることによって、ほんの少しかもしれないけれど、生活の質を向上することができるんです。

　あなたには「英語が話せる」向こう側に何が見えますか？私には、楽しげな風景がたくさん見えますよ。それを、ぜひあなたにも見てもらいたいな〜と思っています。

イムラン

このご縁を花咲かせましょう！

●**手っ取り早く Facebook でつながる**
『imrancoper』で検索するとすぐに見つかります。

●**イムランの YouTube 動画を見て勉強する**
　YouTube に 1000 以上の動画をアップしています。シンプルに
まとめた内容が大変好評です。どうぞご覧ください。『copertokyo』
で検索するとすぐに見つかります。

●**イムランに直接、英語を習う**
　東京近郊にお住まいの方は私の英会話教室、コペル英会話で直接
私から英語を学んでください。麻布十番本校と恵比寿校があります。
私はどちらにもいますので、曜日をチェックして、まず無料説明会
または無料体験レッスンを受けてください。www.coper.biz または
『コペル英会話』で検索してください。

●**イムランの英語グルメ会に参加する**
　月に 1〜2 回、英語オンリーのグルメ会を開催しています。主
に首都圏となりますが、北海道、関西地方、沖縄でも開催していま
す。詳しくは下記のリンクをご覧ください。
https://imran.peatix.com/view

I'm only a few clicks away!（私は数クリックのところにいます！）
Let's Connect with Imran!!

[著者]

イムラン・スィディキ（Imran Siddiqui）

1976年生まれ。コペル英会話教室校長。
上智大学大学院時代に様々な英会話スクールで教え、超人気講師になる。卒業後、中央青山監査法人に就職するも英語教育への熱意が冷めず、2003年にコペル英会話教室を創立。mixiコミュニティ「英語英会話一日一言」の登録者は10万人を超え、現在自身のアプリは48万ダウンロード達成。YouTube公式チャンネルも持っており再生回数は1000万回を超える。英語の細かいニュアンスから発音まで、丁寧にユーモアを交えながら解説した配信動画がわかりやすいと大評判になっている。

主な著作に、『これを読むまで英語はあきらめないでください！』（大和書房）、『ホームステイの英会話リアル表現BOOK』（ナツメ社）、『人気バイリンガル講師イムラン先生のネイティブにきちんと伝わる英会話レッスン』『CD BOOK 超英語思考リスニング』『超英語思考グラマー』（以上、明日香出版社）、『一日一言英会話が続くサーブ＆レシーブトレーニング』（KADOKAWA）、『英語は一日一言覚えれば話せます』（クリタ舎）などがある。

●コペル英会話教室
https://www.coper.biz/

カバーデザイン	小口翔平＋嵩あかり（tobufune）
本文デザイン	株式会社デジカル（Isshiki）
本文イラスト	chona
本文組版	株式会社デジタルプレス

イムラン式　超英語思考トレーニング

2023年　3月　25日　初版発行

著　　　者	イムラン・スィディキ
発　行　者	石野栄一
発　行　所	明日香出版社
	〒112-0005　東京都文京区水道2-11-5
	電話　03-5395-7650（代表）
	https://www.asuka-g.co.jp
印刷・製本	株式会社フクイン

©Imran Siddiqui 2023 Printed in Japan　ISBN 978-4-7569-2255-7
落丁・乱丁本はお取り替えいたします。
本書の内容に関するお問い合わせは弊社ホームページからお願いいたします。